Erfahrungen mit Gott
Wie Ihn finden?

Pater Johannes Neudegger OSB

Umschlagsbild: Der Stein, der vom Himmel fiel –
der Hoba-Meteorit bei Grootfontein, Nambibia
(Foto: Pater Johannes Neudegger)

ISBN 978-3-8306-7776-5

Bibliographische Informationen der Deutschen Bibliothek
Die Deutsche Bibliothek verzeichnet diese Publikation in der
Deutschen Nationalbibliografie; detaillierte bibliografische Angaben
sind im Internet über http://dnb.ddb.de abrufbar.

Printed in Germany

Inhaltsverzeichnis

Vorgeschichte

Als Missionsheimkehrer übernahm ich einst die Pfarrei Hohenpeißenberg. Sechs Jahre später zwang mich das Alter zur Resignation. Als ich nach ein paar Jahren in meine frühere Pfarrei zu einem Besuch kam, fragte ich den Bürgermeister, was aus der „Kirchplatzgruppe" geworden wäre. Er sagte mir, dass alle einen Lehrplatz oder sonstige Ausbildung bekommen hätten und dass sie vernünftige Menschen geworden wären.

Was war die „Kirchplatzgruppe"? Ein Bündel Sargnägel für den damaligen Pfarrer, also mich. Jugendliche wählten den schönen Platz vor der Pfarrkirche zu ihrem täglichen Treff.

Da ging es nicht nur munter zu, sondern es wurde gepöbelt, Kirchgänger belästigt, während des Gottesdienstes gegröhlt, in der Kirche gestört durch demonstratives Trinken aus Bierflaschen während eines kurzen Auftauchens während des Gottesdienstes. Sie spuckten in die Weihwasserbecken und noch mehr und waren einfallsreich, um den Gottesdienst zu stören und Ärger zu verursachen, z.B durch Zerschmettern von Bierflaschen vor dem Eingang zum Kindergarten.

Oft musste ich am Sonntag in der Frühe die Überreste der nächtlichen Party beseitigen, bevor die Leute zum Gottesdienst kamen. Die Gläubigen wurden immer unwilliger. Ich solle die Polizei einschalten, verhaften oder Razzien (drugs) durchführen lassen. In manchen Pfarreien wurde dieser Weg gewählt. Die Jugendlichen blieben stets Sieger. Wer konnte schon die Verursacher eingeworfener Kirchenfenster beweiskräftig ermitteln?

Ich versuchte es auf anderem Wege. Diese Jugendlichen, zumindest die Anführer, waren religiös vernachlässigt, im Stich gelassen und spürten auch menschliche Verachtung. So wollten sie sich einfach an der Gesellschaft rächen und sie taten es genussvoll auf ihre Weise.

Und doch konnte und durfte ich sie nicht einfach abschreiben. Sich an die Eltern zu wenden, wäre unklug gewesen; denn dort war ja vielfach die Quelle zum Aufbegehren und manche hatten sich ohnedies vom Elternhaus distanziert. Außerdem hätte ich die Jugendlichen nur herausgefordert und wieder dabei den Kürzeren gezogen.

So blieb mir nur eines, nämlich mit den Jugendlichen auf Augenhöhe zu gehen und mit ihnen zu reden. Ich tat dies immer, wenn ich das Pfarrhaus verließ oder zurückkam. Da setzte ich mich mitten unter die Bande, auch wenn ihnen dies seltsam vorkam. Fünf Minuten waren immer drin. Anfangs musste ich manche Demütigung einstecken. Sie prahlten mit Gottlosigkeit und Atheismus. Da ich nicht aufgab, fühlten sie sich langsam ernst genommen. Wenn ich sie mit dem „neuesten Witz" begrüßte, lockerte sich die Atmosphäre und allmählich entwickelten sich Gespräche über Politik, Privates oder was halt sonst gerade in war. Schließlich war mein Kommen ihnen angenehm und es ergaben sich sinnvolle Gespräche mit entsprechenden Fragen. Es wuchs langsam eine gewisse Vertrauensatmosphäre, eine Art Religions- oder Weltanschauungunterricht auf dem Kirchplatz. Der jugendliche Wandalismus ebbte langsam ab. Waren sie mal einen Tag nicht da, fehlte mir fast etwas.

Als ich wegen Erreichens der Altersgrenze die Pfarrei abgeben musste, setzten sie sich für mein Verbleiben beim Diözesanbischof ein. Es half nichts. Aber ich konnte diese Jugendlichen nicht vergessen. Vielleicht auch umgekehrt. Mit einem verbindet mich bis heute Freundschaft, auch wenn er nicht getauft ist. Dafür begehrte der Hauptanführer die Taufe. Als ich kürzlich wieder dorthin kam, zur Aufstellung des Maibaums, kamen zwei ordentlich gekleidete höfliche junge Männer auf mich zu. Es waren alte Freunde vom Kirchplatz. Die Wiedersehensfreude war groß. Ein „Ehemaligentreffen" kam auf. Vielleicht klappt es. Ich würde mich freuen.

Alles, was ich ihnen gesagt und erklärt habe oder noch erklären wollte, habe ich in der vorliegenden Schrift festgehalten. Immer hatte ich beim Schreiben diese Jugendlichen vor Augen, dachte aber auch an deren jüngere Geschwister und Eltern oder auch an alle, denen diese Thematiken von Interesse sein könnten. Ich wünschte, dass auch Du/ Sie zu ihnen gehören würde.

Pater Johannes Neudegger

Einführung

Kann man Gott erfahren? O ja. Aber das ist wohl nur was für besondere Heilige? Nein! Du selber bist wohl kein besonderer Heiliger, hast aber vermutlich schon solche Erfahrungen gemacht. Aber es wurde Dir wohl kaum bewusst, was da vorging.

Diese Schrift will Dir eine Hand reichen, um Dich näher dahin zu führen, Gott besser erfahren zu können. Dazu musst Du erst mal Dich selber besser verstehen und dann Deine Mitmenschen und dies wird Dich auf eine höhere Warte heben, auf der Du auch Gott besser erfahren kannst als bisher. Dies ist der Sinn dieses kleinen Buches.

Es will nicht wissenschaftliche Theologie bieten und auch nicht belehrend wie eine Gebrauchsanweisung fungieren. Es will Dir einfach die Hand anbieten und Dich dorthin geleiten, wo Du Dich Gott nahe fühlen und wissen kannst, Gott ist Dir jetzt schon näher, als Du denkst.

Es ist auch für Erwachsene gedacht, doch auch Kinder sollen es verstehen und gebrauchen können.

Es ist für Kinder und Jugendliche gedacht, aber auch Erwachsene sollen daraus Nutzen ziehen können. Manche Kapitel sind mehr auf kindliches Fassungsvermögen eingestellt, andere sprechen direkter Erwachsene an, sollten aber für Kinder trotzdem noch fassbar sein.

Es spielt dabei keine Rolle, welchem christlichen Bekenntnis oder welcher Religion Du angehörst. Wir haben alle unsern gemeinsamen Schöpfer.

Bist Du Muslim, dann ersetze, was Du über Dreifaltigkeit liest einfach mit Allah, oder Gott, wie Du es verstehst, entsprechend Deiner Vorstellung von Gott.

Was Du hier liest, soll Deine bisherige religiöse Einstellung oder Praxis nicht ersetzen. Es ist rein zusätzlich gedacht zur Belebung Deines Forschens nach Höherem. Natürlich kann es für einen geistlichen Forscher in Sachen Gotteserfahrung nicht vollständig sein, aber es wird Dich ins Zentrum einer Wirklichkeit führen die wir „Glauben" nennen, also in übernatürliche Tatsachen.

Jedes der 36 Kapitel ist einer bestimmten Thematik zugeordnet und kann für sich allein verwendet werden. Auch für Gruppengespräche oder Ansprachen kann es dienen oder Anregungen geben. Einem Religionslehrer einer Realschule schien der Entwurf sehr nützlich. Um die Kapitel unabhängig vom Zusammenhang für sich allein verwertbar zu machen, waren gelegentlich hinführende Wiederholungen unvermeidlich.

1. Das Ich

Hier und beim nächsten Kapitel musst Du Dir beweisen, dass Du denken kannst.

Du bist ein Mensch. Weißt Du überhaupt, was das bedeutet? Suche zu verstehen:

Du verfügst über ein System, ein kostbares lebendiges Wesen, Leib oder Körper genannt, ein großartiges Wunderwerk, ein Organismus, der sich selbst nach eigenen Regeln und Gesetzen unterhält. Nennen wir ihn der Einfachheit halber, weil er sich von Dir gebrauchen lässt, hier einfach „Gerät", oder vielleicht besser „Instrument", weil da noch Musik mitklingt, die „Melodie" Deines Lebens.

Du musst ihm nur Energie (Speise und Trank) zuführen, auch Luft, und es sauber halten. Alles andere besorgt es von selbst. Auch die Innenreinigung verläuft automatisch. Der Abfall geht von selber ab. Ist es verletzt, so repariert es sich selber. Es vergrößert sich anscheinend von selbst bis es nach etwa 20 Jahren allmählich wieder von selber aufhört sich weiter auszudehnen. Was wäre, wenn es dies nicht täte?

Dieses Instrument zeigt Dir Deine Umwelt durch zwei Lichtsensoren. Sie sind eingestellt auf bestimmte Frequenzen. Was darüber hinausgeht, kannst Du nicht mehr wahrnehmen.

Zwei Schallsensoren machen Dir Schallwellen bewusst und übersetzen sie in Worte Deiner Sprache oder in Musik, die wiederum Dir den Eindruck vermitteln, was sie ausdrücken wollen. Dies ist ein äußerst komplizierter Vorgang, der noch gar nicht ganz erforscht ist.

Du kannst Teile dieses Gerätes selber kontrolliert bewegen, dabei die Umgebung abtasten, ob sie hart, weich oder flüssig ist.

Auch kann sich das Gerät selber fortbewegen. Du aber bist sein Pilot, der Spieler dieses Instruments. Du brauchst keine Hebel oder Druckknöpfe oder Tasten wie beim Computer, um das Gerät zu steuern. Du steuerst es telepathisch, also durch Gedankenübertragung.

Gedanken allein genügen, ohne weitere Maßnahmen zu benötigen.

Damit dieses Instrument funktionieren kann, sind viele Millionen verschiedene Vorgänge notwendig, chemischer und physikalischer Art, über die Du kein Kommando hast. Sie laufen automatisch ab, man könnte auch sagen gesteuert von einem Autopiloten. Dieser setzt Vorgänge in Gang, hält sie in Aktion, stellt sie, falls nicht mehr gebraucht, wieder ab.

Das Gerät benötigt eine bestimmte Betriebstemperatur. Dabei beheizt es sich selber und regelt die Höhe der Temperatur mit einem automatischen Thermostaten. Den kannst Du nicht einstellen. Das macht Dein Autopilot. Erhöht dieser aus bestimmten Gründen die Temperatur, empfindest Du dies unangenehm als Fieber und Du willst dies korrigieren. Aber erst musst Du die Ursache dafür beseitigen, oder wiederum durch Deinen Autopiloten beseitigen lassen.

An prominenter Stelle des Gerätes ist eine kugelartige Ausformung, genannt Kopf. In diesem von einer schützenden Knochenpanzerung umgebenen Gefäß ist etwas, was Du als Dich selber empfindest. Manche empfinden dies auch in ihrem Herzen. Du nennst es einfach „ich". Aber was ist dieses Ich? Du kannst es nicht genau lokalisieren, es ist einfach da. Und um dieses ich herum sind zahllose Schaltstellen. Du brauchst sie nicht zu kennen, nicht Anordnung noch Aussehen wissen wie am Armaturenbrett eines Autos oder Flugzeuges. Du weißt nicht, wie Du einschaltest und wieder abstellst. Aber der Autopilot oder auch Dein Ich kann durch die vielen Millionen von elektrischen Leitungen alle Stellen des Gerätes kontrollieren, in Bewegung setzen, arbeiten lassen oder zurück auf Energiesparen oder in Ruhestand versetzen. Er kann sogar Dein Bewusstsein abstellen, oder auf Traum schalten, Dich also einschlafen lassen, in eine Traumwelt hinüber.

Du aber und nicht der Autopilot bist der Kommandant dieses Gerätes mit Milliarden Schaltstellen, Synapsen genannt, die Du beherrschen kannst und dabei nicht einmal weißt, wie sie aussehen und wo sie genau angebracht sind. Allein Dein Kommando genügt und alles funktioniert, oft blitzschnell wie beim Fussball.

Außer dem Cockpit des Gerätes, in dem Dein Ich am Steuer sitzt, gibt es eine Energiezentrale. Sie liegt etwas unter Deinem Cockpit und sendet ununterbrochen, die aus der Nahrung gewonnenen Kraftströme in alle Teile des Gerätes, sodass sie ungestört und zuverlässig arbeiten können. Dies können pro Tag über 10 Tonnen Blut sein, ein Kesselwagen voll.

Zentral, man könnte sagen in der geometrischen Mitte des Gerätes und bestens geschützt, befindet sich eine andere Kostbarkeit, die etwas herstellt, was noch keine Wissenschaft und Technik kann, nämlich Bausteine zu einem neuen Menschen. Allerdings muss noch eine Komponente eines anderen Organismus dazukommen, damit sie zu einem neuen Menschen werden kann, der wiederum später zu einer Quelle neuen Lebens wird, zu dem er sich selber vergrößern kann.

Du weißt, dass dieses überaus kostbare Instrument, in dem Dein Ich wohnt, um die hundert Jahre alt werden kann. Dabei funktioniert es ununterbrochen. Bleibt es aber doch einmal stehen, so verlierst Du innerhalb weniger Minuten alle Kontrolle darüber. Du bekommst keine Meldungen mehr von Deiner Außenwelt und bald auch nicht mehr von innen, kannst nichts mehr bewegen und bist total hilflos. Du verlierst sogar das Wissen um Dich selbst. Das Gerät wird allmählich kalt, und Du fühlst dann wieder, dass Du nicht mehr bleiben kannst. Du musst dieses Gerät verlassen. Aber wohin?

Vielleicht woher Du gekommen bist, bevor Du in dieses Gerät eingezogen bist. Aber woher bist Du eigentlich gekommen? Aus dem Nichts? Wie hättest Du aus dem Nichts kommen können? Im Nichts ist nur nichts, kein Ich, das Du bist.

Diese Frage, woher Dein Ich kommt, ist die Grundfrage Deines Daseins. Aus Nichts konntest Du nicht kommen. Woher also dann? Hier muss ich Dich Deinen eigenen Gedanken und Forschungen über Dich selbst überlassen. Was bist Du für ein Wesen, in Deinem Cockpit, wie schaut dieses Wesen aus, das Du noch nie gesehen hast, obwohl Du selber es bist? Wo kommt dieses Wesen her? Wo geht es hin, wenn das Instrument kaputt gegangen ist?

Mache es Dir nicht leicht bei der Beantwortung dieser Frage nach Deiner Existenz. Bei genug Denken wirst Du selber auf die Antwort kommen, die dann auch wohl eine mögliche Lösung ist, die Dich sehr bereichern kann.

Viel Glück dazu!

2. Das DU

Dein Ich hat eine ungeheure, wenn auch unsichtbare Energie. Sie hält das ganze wunderbare Instrument, Deinen Organismus, jeden Augenblick in Funktion. Du kannst damit nicht aus dem Cockpit aussteigen. Es gibt auch keine offizielle Türe nach außen. Wenn Du Dir aber den Ausstieg erzwingst, dann kommt im gleichen Augenblick Dein System zum Stillstand, trotz dem Autopiloten, der dann auch nicht mehr arbeiten kann, weil er ganz von Deiner Gegenwart abhängt, selbst wenn Du schläfst, und alles ihm überlassen hast. - Bist Du also eingesperrt? In gewissem Sinne schon. Aber Du willst ja auch gar nicht aussteigen. Du empfindest, dass dies ganz verkehrt wäre. Ein natürliches Gefühl der Angst schützt Dich davor.

Jetzt stell Dir mal die Frage, warum bist gerade Du der Pilot dieses Gerätes? Könnte es nicht jemand anderer sein, der an Deinem Steuer sitzt? Ja, natürlich könnte das sein. Dies ist sogar der Fall bei sieben Milliarden anderen Instrumenten auf dieser Erde, die von anderen ICHs „gespielt" werden. Wir nennen sie einfach „DU".Und noch einmal: Sieben Milliarden „Du"s, die ebenfalls so kostbar sind wie Du selbst.

Also könnte auch in Deinem Cockpit ein anderes ICH, als Du es bist, sein. Wo aber wärst Du dann, Dein ICH? Damit sind wir wieder bei der Frage von vorhin. Von woher kam einst Dein ICH in Deine Steuerkabine? Hast Du Dein ICH selber gemacht? Dumme Frage! Ist es von selber geworden? Noch dümmer. Haben Deine Eltern Dein ICH gemacht? Frage sie mal. Sie werden Dir kaum eine klare Antwort geben können, falls sie Deine Frage überhaupt verstehen. Diese Frage überfordert viele Menschen.

Die kleine Lebensquelle oder Reproduktionsanlage, wie sie auch Du hast, kann nur neue Instrumente inszenieren, nicht aber den künftigen Piloten darin, das ICH; denn diese Anlage in Dir kann nur die Hälfte hervorbringen. Ein halbes Ich aber ist nicht möglich. Aber irgendwoher muss dieses ICH doch stammen! Irgend jemand muss Dein ICH und alle anderen DUs doch gemacht haben. Nachdem Menschen dies nicht tun können, muss der Hersteller größer sein als ein Mensch. Er muss ganz gewaltig groß und machtvoll sein. Es gibt nur eine logische Antwort darauf, und die weißt Du längst.

Nun bist Du selber weit größer als Dein Gerät, sonst könntest Du es gar nicht kommandieren. Trotzdem kannst Du nicht mit einem anderen Piloten tauschen. Nur Du kannst Dein so überaus wunderbares und ungeheuer kompliziertes Instrument steuern und dies sogar ganz selbstverständlich, ohne viel Schulung, Führerschein und Pilotenprüfung. Du kannst es einfach, aber eben nur Du für Dein Gerät. Du bist eben ganz genau für Dein Instrument abgestimmt. Es stimmt alles zusammen. Da steckt ungemein viel System dahinter, und wo ein System ist, da muss auch ein Sinn, ein Plan dahinter stecken. Dieser Sinn oder Plan macht Dich sehr wichtig und wertvoll.

Planen kann nur ein personhaftes Wesen, das den Plan dann auch bewirkt, also über dem Plan stehen muss. Dieser so große Bewirker Deines ICHs hat also gewusst, warum Er gerade Dich in dieses Dein kostbares Gerät gesetzt hat. Er hat aber genauso an den anderen sieben Milliarden DUs gehandelt. Sie sind genauso sinnvoll und kostbar wie Du. Er muss sich ein Riesensystem ausgedacht haben.

Nun sei es wieder Dir selbst überlassen, da weiterzudenken; denn Du weißt schon viel darüber, und mit logischem Weiterdenken wirst Du viel Wahrheit finden, vor allem, dass Du sehr wichtig bist, schon allein dadurch, dass Du von dem ganz Großen verursacht wurdest; denn Er tut nichts ohne wichtigen Grund. Dieser Grund gehört zu Dir. Du kannst ihn auch Deinen Lebensplan nennen. Darum kannst Du auch mit keinem anderen Piloten tauschen. Seelentausch gibt es nur in der Phantasie. Du bist total einmalig, hast den größtmöglichen Seltenheitswert. Darum konnte der Papst kürzlich vom christlichen Standpunkt aus mit Recht sagen: „Für jeden Christen ist jeder Mensch ein wahres Heiligtum". Jeder Mensch, der Dir begegnet, ist genauso wertvoll und wichtig wie auch Du selber. Dadurch können wir die Hauptverhaltensregel im Leben verstehen, die vom ganz Großen stammt: „Du sollst Deinen Nächsten lieben wie Dich selbst." Sei glücklich, stolz und dankbar, ein Mensch sein zu dürfen. Nur der ganz Große ist noch größer als Du, und wenn es Dir gelingt, Deinem ICH und den DUs den gleichen Stellenwert zu geben, dann wird Dein Leben wertvoll und schön.

3. Der Sinn Deines Lebens

Kein Mensch kann sich dieser Frage entziehen. Sicher hast Du schon eine Antwort gesucht, warum Du eigentlich auf der Welt bist. Hast Du sie gefunden? Dann bist Du glücklich zu nennen. Dann ist es Dir gelungen, dem Bewirker Deines Lebens, den wir Gott nennen, etwas in die Karten zu blicken. Und selbst dann wirst Du kaum so sicher sein, wie Dir zu wünschen ist.

Vielleicht kann ich dem, was Du bereits weißt oder erahnst, noch etwas hinzufügen. Von der rein menschlichen Basis unseres Daseins haben wir nicht genügend Überblick, unser Dasein und Leben überschauen und bewerten zu können. Wir müssen uns in die Situation Gottes zu versetzen bemühen. Gott weiß, warum Er alles so angeordnet hat, wie es ist. Er hat Seinen ganz großen Plan. Da ist nichts von ungefähr. Dieser Plan ist aufsehenerregend, aber von wenigen nur begriffen. Du sollst zu diesen gehören. Du kannst diesen Plan abändern. Aber damit wird er bestimmt nicht besser werden. Du würdest nur viel verlieren.

Seit Urzeiten, seit Erschaffung des Universums, bist Du eine Idee Gottes und zwar eine einmalige. Gott hat Milliarden von Ideen. Er will keine Menschen von der Stange, sondern nur Originale, also einmalige. Da es für Gott keine Zeit gibt, d.h. ER über aller Zeit steht, ist Dein ganzes Leben von Gott vorhergesehen und vorhergeplant, dabei für Ihn ein stetes Jetzt.

Es gibt Milliarden von interessanten Entfaltungsmöglichkeiten. Eine davon ist für Dich vorgesehen, Dein Lebensauftrag. Du bist sozusagen in ihn hineingeboren. Dazu hast Du eine ganze Palette von Begabungen und Fähigkeiten mitbekommen, die für Deine spezielle Entfaltungsmöglichkeit nützlich oder wesentlich sind. An Dir selber und in Dir ist also die Antwort, wozu Du geschaffen bist, und was der Sinn Deines Vorhandenseins ist. Gott hat Dich so werden lassen, dass Du Deine Möglichkeit am besten verwirklichen kannst und Deinem Lebensauftrag gerecht wirst. Niemand anderer ist dafür besser ausgerüstet als Du. Hinsichtlich Deines Lebensauftrags bist Du Weltmeister. Es stimmt daher in dieser Hinsicht nicht, dass jeder Mensch entbehrlich und vollständig ersetzbar ist. Du bist nicht entbehrlich. Wenn Du Dich Deinem Lebensauftrag entziehen wolltest und das auch tust, muss jemand anderer für Dich einspringen, der nicht so gut dafür geeignet ist, da er eigentlich einen anderen Lebensauftrag hat.

Daher haben wir oft den Eindruck, dass dieser oder jener Mensch für seinen Platz nicht geschaffen ist, und Vieles und Viele haben darunter zu leiden. Der Lückenbüßer selbst kann nichts dafür. Er ist meistens auch nicht glücklich in diesem Platz, für den er ja eigentlich nicht berufen und daher nicht genügend ausgerüstet ist.

Aber wie findest Du heraus, wo Dein eigener Platz im Leben ist? Dazu gibt es viele Hinweise für Dich, die sich nach und nach verdeutlichen, wenn Du Deiner Erkenntnis Folge leistest.

Zunächst mache Dir ein möglichst genaues Bild von Dir selber, Deinen Begabungen, Deinem Charakter, auch Deinen langfristigen Wünschen.

Dann ziehe Deine Umwelt in Betracht. Irgendwo in ihr ist Dein Platz bereits vorbereitet. Du selber musst Dich nur bereit halten dafür.

Es kann sein, dass Du durch Wünsche, die nicht zu Dir passen, fehlgeleitet wirst, z.B. dass Du vielleicht einen Beruf suchst, der Dir möglichst viel Geld bietet. Aber bist Du geschaffen, nur um Geld zu machen? Das wäre Selbstverschwendung: Du bist viel kostbarer als alles Geld.

Oder willst Du viel Einfluss oder Macht gewinnen? Wenn Du sie in Deinem Lebensauftrag brauchst, werden sie Dir gegeben.

Oft bekam ich unter meinen Schulkameraden zu hören: „Ich werde Lehrer. Dann habe ich viel Ferien." Werden die künftigen Schüler glücklich sein unter einem solchen Lehrer, der ein leichtes Leben auf ihre Kosten sucht? Das muss schief gehen. So ein Lehrer wird auch sich selber enttäuschen und nicht glücklich.

Wenn Du aber Dein Begabungs- und Charakterprofil, zusammen mit Deinen Neigungen und Lieblingsgebieten, mit Deiner Umwelt in Übereinstimmung bringst, dann brauchst Du Dich nur durch die sich immer wieder Dir öffnenden Türen führen zu lassen. Du kommst ziemlich sicher dorthin, wo Du von Gott gewollt bist, und dort wirst Du auch glücklich, weil Du viel leisten kannst.

Du kannst dies am Beispiel vieler erfolgreicher Lebensgeschichten erkennen. Es ist daher nützlich, sich mit Biographien vorbildlicher Menschen zu befassen. Wenn Du Dich selber in so eine Lebensschilderung hineindenken kannst, hast Du vielleicht auch Dein Vorbild gefunden, dem Du nacheifern kannst.

Nun gehört nur noch Vertrauen in die Zukunft dazu, und das ist Vertrauen in Den, der Dich hat werden lassen, weil durch Dich eine wichtige Lücke geschlossen werden soll, und dies ist der Sinn Deines zeitlichen Lebens.

Wenn dies erfolgreich abgeschlossen ist, dann öffnet sich der Hauptsinn Deiner Existenz, die zeitlose Partnerschaft mit Gott und all den Seinen in stetiger Harmonie und Freude.

4. Der beste Gottesbeweis

In Deiner Steuerzentrale, also im Kopf, befinden sich weit über 20 Milliarden Nervenzellen. Das sind zwanzigtausend Millionen. Sie leisten eine unglaubliche Arbeit, selbst in tiefstem Schlaf. Den Tag über haben sie viel Elektrizität verbraucht, Gehirnströme. Nachts muss das alles wieder zu voller Funktionsfähigkeit aufgeladen werden. Darum ist Schlaf für uns unentbehrlich. Mit zu wenig Schlaf sinkt auch die Leistungsfähigkeit Deiner Hauptzentrale. Sie kann Deinen Befehlen einfach nicht mehr voll Folge leisten. Sie streikt und setzt sich damit durch. Du bist müde, erschöpft, schläfst ein, selbst am Steuer.

In Deinem Kopf ist so gut wie kein freier Raum mehr übrig. Wo also ist dann Dein ICH?

Du spürst es zweifelsohne im Kopf, nicht in Händen oder Beinen, vielleicht in der Brust. Wie und wo aber findet es überhaupt noch Platz, wo schon anderweitig alles belegt ist? Diese Fragen wollten schon viele Gelehrte und Forscher beantworten. Ich habe noch keine befriedigende Auskunft gehört. Das ICH ist einfach nicht klar zu lokalisieren. Es scheint überall im Gehirn oder im Herzen zu sein. Es ist daher kein eigenes Organ. Es ist aber irgendwie in Kontakt mit allen zwanzigtausend Millionen Gehirnzellen von denen jede ein eigenes Lebewesen ist, das auch außerhalb des Körpers in einer Nährlösung weiterleben könnte. Aber nicht Du. Hängt dies vielleicht damit zusammen, dass Du eigentlich ein Geist bist, der nur mit Gehirn und Körper in der Welt operieren kann, sonst aber von der materiellen Substanz Deines Leibes unabhängig lebt? Daraus folgert: Wenn Dein Körper und damit Dein Gehirn ihre Tätigkeit, vielleicht erst nach langer Zeit, einstellen, dann wird Dein ICH frei. Und wo gehst Du dann hin? Wieder die alte Frage.

Aber Du bist mittlerweile einer Antwort wesentlich näher gekommen. Dein geistiges Leben als keimendes Ich war schon 9 Monate vor Deiner Geburt vorhanden, musste aber erst Körper und Gehirn entwickeln helfen. Dieses geistige Leben, das im winzigen Embryo Platz hatte, also Dein noch schlummerndes ICH hat bereits eine enorme Arbeit geleistet. Es hat innerhalb dieser neun Monate das Heranwachsen des winzigen Embryos zu einem vollen, nun vom Mutterleib unabhängig gewordenen Menschlein geleitet. Da Du aber

Dein Ich nicht selber schaffen konntest, sondern es nur als Dein eigenes Du selbst empfangen hast und damit eben Dich selber, von einem Größeren als Du, also dem ganz Großen, kannst Du also nur von Ihm gekommen sein. Er hat ein Stück von Seinem Leben genommen und in Deine beginnende materielle Existenz gesteckt, noch klein wie ein Stecknadelkopf und doch schon ewig, weil alles bewusste und sich selbst erkennende Leben vom ganz Großen ewig ist. Du hast neun Monate vor Deiner Geburt begonnen und wirst seitdem nie mehr aufhören zu sein, wie Er selber.

Dein Werden und kein Ende haben, das kann nur von ihm, dem ganz Großen kommen, den wir Gott nennen. Du bist also göttlich. Kannst Du überhaupt noch mehr sein? Oder willst Du jenen beistimmen, die glauben, dass sie ohne Gott geworden sind? Machst Du Dich dann nicht selber blind für den Allergrößten?

Willst Du geistig sehend bleiben, dann ist Dir Dein ICH der größte Beweis, dass es Gott gibt; denn Dein Ich kommt und ist ja ein Teil von Gott.

5. Der große Weltenplan - Du bist ein Teil

Der Schöpfer ist größer als die Schöpfung. Nimm Dir jetzt Zeit für einen großen Überblick:

Ja, – es gibt Dich, mit Deiner eigenen Welt in Dir, dazu die ganze Menschheit, die Erde, das Weltall, alles in eins zusammengefasst: das Universum. Und Du bist ein Teil davon.

Nicht nur für Dich selber hat Dein Leben Sinn, sondern für das ganze Universum, da dies Dein materielles Zuhause ist. Du bist ein einmaliger Teil davon.

Da ist aber eine Ausnahme: Außer dem Universum mit allem, was dazu gehört, also auch wir, ist Jener da, der das Universum hervorgebracht hat. Etwas so unglaublich Gewaltiges wie das Weltall kann nicht aus Nichts geworden sein. Es erforderte eine gigantische Ursache, nicht nur einen Urknall, sondern einen alles verursachenden Schöpfer mit unbegrenzter Macht: den Allmächtigen.

Somit gibt es nur zwei Realitäten: Die Schöpfung und ihren Schöpfer. Die Schöpfung würde ohne den Schöpfer nicht sein. Der Schöpfer wäre jedoch auch ohne die Schöpfung da. Also ist Er der Größere. Ohne Ihn könnte und würde die Schöpfung nicht weiter in ihrer erstaunlichen Ordnung existieren.

Es gilt die Selbstverständlichkeit: Wenn kein Schöpfer, dann auch keine Schöpfung. Existenz der Schöpfung heißt Existenz ihres Schöpfers.

Ohne Schöpfer wäre nur Nichts in ewigem Nichts. So aber spiegelt das All die Größe seines Schöpfers wider.

Oder könnte es mehrere Schöpfer geben, wie manche Völker im Altertum annahmen? Dann wäre deren Macht gegeneinander abgegrenzt und folgerichtig über verschiedene Bereiche aufgeteilt wie Meer, Wald, Unterwelt, Himmel, Tiere, Städte usw. Damals hielt man noch die Erde als Hauptsache und Zentrum allen Seins. Die Gestirne drum herum waren nur als Verzierung oder Leuchten angesehen, die man irdischen Göttern zuordnete, wie Mars, Neptun, Venus, Jupiter ... Das Universum als solches aber war unbekannt. Dieses aber kann nicht verursacht sein durch Götter! Es müssten ja nach unserm heutigen Wissen Milliarden über Milliarden sein. So kann es nur einen allmächtigen Schöpfer geben, der seine Allmacht nicht mit einem anderen Schöpfer teilen kann; denn sonst wäre seine Allmacht begrenzt durch die Allmacht des anderen. Somit gäbe es für keinen dieser Schöpfer eine wirkliche Allmacht. Es kann also nur einen allmächtigen Schöpfer geben. Ihn nennen wir kurz und bündig: Gott.

Gott könnte auch ohne die Schöpfung existieren. Die Schöpfung aber nicht ohne Gott. Bei Ihm ist also alle Macht über Sein oder Nichtsein.

Dies ist eigentlich logisch und leicht zu verstehen. Trotzdem gibt es Meinungen, dass die Schöpfung ohne Schöpfer entstanden ist. Wer das glaubt, glaubt an das Unglaublichste und verlässt sich darauf. Es gibt kaum etwas Absurderes als allem Vorhandenen, also der Schöpfung, die Ursache ihres Werdens abzusprechen.

Wer sich trotzdem dazu entscheidet, muss einen Riesenglauben haben. Er muss also auch Unrealistisches glauben können, also an nicht existierende Sachverhalte. Glaube an nicht Existierendes nennen wir Aberglaube. Dieser ist weit verbreitet in verschiedensten Formen. In Beziehung auf den Schöpfer kann man die ganze Menschheit einteilen in Gläubige und Nichtgläubige, die man auch Abergläubige nennen könnte, weil sie an nicht Existierendes glauben, also an ein Vakuum anstelle des Schöpfers.

Der Schöpfer selbst bleibt davon unberührt, ob man an Ihn glaubt oder Seine Existenz abstreitet. Er hat ja alle Macht über Sein oder Nichtsein. Deshalb nennen wir Ihn allmächtig.

Aber wäre Gott nicht besser allein geblieben, ohne die ganze Schöpfung in Szene zu setzen? Dann gäbe es außer Gott nur das Nichts und somit wäre all das viele Böse in der Welt nicht vorhanden. Wäre Gott nicht viel Ärger mit uns Menschen erspart geblieben?

Gott aber denkt anders, weil Er einfach ganz anders ist. Er ist Liebe in Person. Und Liebe führt immer aus sich heraus, soll sie nicht als Selbstliebe beschränkt bleiben. Die Liebe braucht also ein Ziel. Dieses Ziel hat sich der Schöpfer selbst ausgedacht und es durch die unbegrenzte Wirkung Seines Denkens und Seines Willens werden lassen: Nämlich das ganze Universum.

Eigentlich schuf Gott mindestens zwei Universen. So wie wir Menschen aus Materie (Leib) und Geist (Seele) bestehen, so gibt es neben dem uns sichtbaren materiellen Universum auch das geistige Universum. Das materielle

Universum ist wie auch unser Leib vergänglich. Das immaterielle und größere geistige Universum, Himmel (nicht das Firmament) genannt, ist aber ewig wie Gott und unsere Seele.

Zuerst hat Gott den immateriellen Himmel erschaffen. In diesem unvergänglichen geistigen Universum, das wir uns weit gewaltiger und vollkommener vorstellen dürfen als unser materielles, schuf Gott zuerst mächtige Geistwesen. Sie waren Empfänger der ungeheuren Liebe Gottes und sollten darauf eine Reaktion zeigen, nämlich ihren Schöpfer ebenfalls zu lieben. Sie taten dies sicher in wunderbarer Weise. Wir nennen diese großartigen Wesen Engel.

Damit wäre das Ziel Gottes eigentlich erreicht gewesen: Lieben und geliebt werden.

Jedoch da gab es hinsichtlich der geschaffenen Wesen ein Problem: Liebe kann nur freiwillig sein. Erzwungene Liebe kann nie echt sein. So musste Gott seinen Kindern einen freien Willen geben. Die Liebe sollte ja nicht automatisch oder roboterhaft sein, sondern ganz personal und echt und damit völlig ungezwungen freiwillig. Dieser freie Wille ist aber nur dann wirklich frei, wenn er sich auch gegen den Schöpfer wenden kann. Dies ist auch tatsächlich geschehen.

Der schönste und mächtigste Engel nämlich, Luzifer (Lichtträger), war von seiner Größe und Herrlichkeit so eingenommen, dass er seinen Schöpfer nicht mehr zu brauchen glaubte und Ihm die Liebe versagte. Seinem Beispiel schlossen sich viele andere Engel an. Sie wollten Gott nicht mehr über sich haben. Gott erlaubte ihnen diese Ablehnung, sonst hätte Er ja ihnen den freien Willen eingeschränkt. Doch konnten sie nicht mehr in der Nähe Gottes bleiben. Sie entfernten sich von Gott, von dem jede Schönheit und alles Gute kommt. So verloren sie alles, was an ihnen gut und schön war. Sie waren im geistigen Universum, im Himmel, untragbar geworden. In der Gottesferne begründeten sie ihr eigenes Reich ohne Gott, ebenfalls ohne alles Gute und Schöne. Wir nennen es Hölle und seine Bewohner Teufel oder Dämonen.

Zweifelsohne war der Abfall dieser Engel ein Verlust für den Himmel, verursacht durch Missbrauch des freien Willens.

Gott wollte weiter unsterbliche Himmelbewohner erschaffen. Doch anstatt neue Engel gleich in den Himmel einzuführen ohne freie Willensentscheidung, wählte Er einen anderen Weg. Diese neuen Wesen sollten nicht gleich in den Himmel hinein erschaffen werden, sondern sich erst in einem anderen Universum bewähren, um sich so frei für oder gegen Gott entscheiden zu können. „Gott erschuf Himmel und Erde" heißt es im Beginn der Heiligen Schrift. Der Himmel war zuerst geschaffen, jetzt schuf Gott die Erde mit dem ganzen materiellen Universum.

„Und Gott erschuf den Menschen" heißt es weiter. Dieser sollte sich wiederum in seiner Liebe freiwillig für Gott entscheiden, um sich so für die ewig glückliche Gottesnähe zu qualifizieren.

Dabei sollen ihnen, als ihre älteren Geschwister, die treu gebliebenen Engel (von lateinisch *angelus* = Bote) helfen. Jeder Mensch sollte einen eigenen Engel an seiner Seite haben. Wir nennen ihn unsern Schutzengel.

Seine große Freude ist es, uns dorthin zu führen, wo das gemeinsame Fest ewiger Gottesnähe gefeiert wird. Könnten wir es jetzt schon sehen, wie es unser Schutzengel sehen darf, wir wären hellauf begeistert und wollten sofort mit dabei sein. Doch wir müssen erst unseren irdischen Weg gehen. Unser Weg zu dieser unserer ewigen Bestimmung ist die Liebe, sei sie direkt zu Gott oder über unsere Mitmenschen geleitet. Dies sollte erleichtert werden durch eine materielle Erde, die der Schönheit des Himmels ähnlich sein sollte. Die Bibel nennt dies „Paradies".

Was Gott einmal gibt, nimmt Er nicht völlig weg. So hatte selbst Luzifer den freien Willen behalten. So konnte er sich mit seinen Anhängern über die Menschen hermachen. Wie er einst glaubte, ohne Gott leben zu können, so gelang es ihm, die ersten Menschen zum gleichen Abfall von Gott zu überreden, also Gott nicht haben zu wollen, anstatt Ihn zu lieben. Dies führte zum Verlust des Paradieses. Doch Gott nahm nicht alles: Die Aussicht auf den Himmel blieb bestehen, im Gegensatz zu den Wesen, die im Himmel sich gegen Gott gekehrt hatten und Dämonen wurden. Jedoch sollte der Mensch nun unter erschwerten Umständen, das heißt unter Leiden und Tod den Weg der Liebe gehen.

Durch die ganze Menschheitsgeschichte hindurch haben sich die Menschen mit dem Göttlichen befasst. Zunächst nahmen sie viele göttliche Wesen an, die sich die Schöpfung gewissermaßen teilten und von den Menschen berücksichtigt sein wollten in zahllosen Tempeln und Opferhandlungen.

Doch schon im alten Ägypten kam ein Pharao auf die Idee, dass es logischerweise eigentlich nur einen einzigen Gott geben könne. Gott kann nur sein, wer allmächtig ist, also der Ursprung aller Dinge. Er sah es ein: Gäbe es zwei allmächtige Götter, wie Isis und Osiris, würde die Allmacht des einen Gottes von der Allmacht des anderen begrenzt sein.

Wir nennen den Glauben an einen Gott Monotheismus. Diesen Glauben hatten auch die Israeliten angenommen. Der Monotheismus hat seither unter allen Religionen überhand genommen. Das Gegenteil, Polytheismus ist selten geworden.

Diesem einen Gott aber wurden durch die nach Ihm forschenden Menschen auch viele menschliche Züge zugeordnet. Er könnte wütend sein und zornig zerstörerisch. Er würde strafen, eifersüchtig, ehrsüchtig, uninteressiert an Welt und Menschen, herrschsüchtig sein, Opfer, ja selbst Menschenopfer fordern.

Um diese Unwahrheit uns Menschen zu zeigen, wurde Gott selbst ein Mensch. Wir nennen Ihn nach Seinem Wunsch „Jesus Christus" (der von Gott gesalbte Jesus). Er lebte uns vor, wie wir zum Ziel kommen können. Er gab uns auch neue Hilfen, uns auf dem Lebensweg stark genug zu machen. Dabei ging Er so weit, dass er sich von Menschen auf Holzbalken annageln ließ, um dann stundenlang unter grässlichsten Schmerzen daran hängen zu müssen, um langsam zu sterben.

Damit hat Er viele Schuld, die Menschen auf sich laden, schon von vornherein abgebüßt, sodass unter Reue Sünden, sogar Verbrechen, vergeben werden können. Wir nennen dies "Erlösung". Durch die von Ihm gegründete Kirche erhalten wir Zugang zu diesen geistlichen Wohltaten. Durch sie schließt Christus Freundschaft mit uns, hin bis zu echter Kindschaft Gottes.

Von Ihm wissen wir, dass Er schon immer mit dem Schöpfer, dem Vater Gott, wir nennen Ihn Gott Vater, verbunden ist. „Vor aller Zeit", also vor der Schöpfung, war Er bereits mit dem Vater. Er ist so eins mit dem Vater, dass Er selber Gott ist, jedoch stets eines Willens mit Ihm, also ohne Begrenzung der Allmacht, die sie in völliger Einheit und Gemeinsamkeit ausüben.

Dieser Jesus Christus erklärte uns: Gott ist der ganz Gute, der immer nur das Beste will. Gott bejaht alles, was er geschaffen hat. Er sah ja auch „dass es gut war". Er liebt alles, was existiert, da es ja von Ihm kommt. Dieses vollkommene Gutsein Gottes ist, was wir Liebe nennen. Du kannst dies selber nachlesen im „Neuen Testament", dem zweiten Teil der Bibel. Da wird Jesus zitiert, wie Er selber vom „Vater" spricht. Es ist sehr interessant für Dich, diese Zitate aus den 4 Evangelien herauszusuchen. Eine Bibel gibt es wohl in jeder Buchhandlung, oder leih Dir einfach eine aus beim nächsten Pfarrer. Eine Bibel gehört ohnedies in jedes Gott respektierende Haus.

Was bei uns Menschen eine Eigenschaft sein kann, die Liebe, ist bei Gott ganz substanziell. Johannes der Evangelist sagt zu Recht: Gott ist die Liebe in Person. Gott ist durch und durch Liebe. Nichts ist in Gott, was nicht Liebe ist.

Aus diesem Wissen heraus können wir auch Seinen großen Weltenplan erahnen. Er soll alle Menschen zu vollkommener Liebe führen, die im Himmel zugleich auch die vollkommene Freude ist. Je größer die Liebe, umso größer die Freude.

Doch das Universum kann die Liebe Gottes weder erkennen noch beantworten, da es nicht personhaft ist. Also schuf Gott in dieses Universum hinein personhafte Wesen, die das Universum repräsentieren können, um mit ihrem Denken und Verstehen Gott zu erfassen. Da diese von Gott stammenden Geschöpfe natürlich auch Gottes Wesen, die Liebe, aufweisen, weil sie ja von Ihm abstammen, können sie die Liebe Gottes erwidern, also Ihn ebenfalls lieben.

Dies ist auch der Plan Gottes, wohl nicht nur auf unserm Planeten. Wir dürfen annehmen, dass Gott das riesige Universum noch für andere vernunftbegabte Lebewesen geschaffen hat und dass Er überall Leben haben möchte. Aber auch diese sogenannten Außerirdischen müssen mit ihrem freien Willen ihren Schöpfer annehmen, um von ihm, wie wir auch, alle die Freuden schöpfen zu können, die Gott für uns alle bereit hält.

Und was ist mit den von Gott Abgefallenen, den Dämonen und Menschen, die Gott abgelehnt haben? Gibt es für sie kein Zurück zu Gott, zur ewigen Liebe?

Würden sie aus freiem Willen zu Gott zurückkehren wollen, würden sie wohl nicht zurückgewiesen. Doch Gott hat ihren freien Willen zur Ablehnung respektiert und dabei wollen sie lieber verharren, als auf die Liebe zu Gott einzugehen. Es ist schwer für uns, solche Verhärtung zu verstehen. Aber es gibt dies.

Wir aber werden in der endgültigen Vollendung in der Liebe Gottes mit allen ungezählten Milliarden glücklicher Wesen ein Herz und eine Seele sein für immer, und wir, die wir wollen, dürfen mit dabei sein. Dann wird es nur noch ein Universum geben, in dem alles vollkommen ist. Dies ist der großartige Plan Gottes, der unserm Leben und unserm Dasein erst den Sinn gibt. Wir sind von unserm Schöpfer aus dem Nichts hervorgeholt zu immerwährender Freude mit Ihm. Sollten wir uns da nicht dankbar auf Seine Seite stellen?

Woher wissen wir dies alles? Du findest es in der Bibel, im Alten und Neuen Testament, dem Buch das die Welt-Bestsellerliste anführt. Vieles aber kannst Du auch mit Deinem Verstand herausfinden.

Wenn Du dieses Kapitel verstanden hast, dann weißt Du mehr als viele andere Menschen.

Trotzdem rate ich Dir, es nochmals langsam durchzulesen, damit Du es wirklich verinnerlichen kannst. Von diesem Wissen hängt sehr viel für Dich ab.

6. Freier Wille und Freiwilligkeit

Hat das Tier einen freien Willen? Es scheint so. Der Dackel auf der Jagd will in den Fuchsbau, und die Katze lauert vor dem Mausloch. Der Esel, soweit es noch vierbeinige gibt, sind zuweilen sprichwörtlich störrisch, und die Nachtigallen singen oder singen nicht, wie sie halt wollen.

Aber ist der Dackel hinter dem Fuchs her, weil er so will, oder wird er getrieben von einem Jagdtrieb, der ihn eben zu einem Jagdhund macht?

Ist es für die Katze nicht ein innerer Zwang, dass sie in die Knie geht, wenn ein frischer leckerer Mausgeruch aus dem Loch aufsteigt? Esel und Nachtigallen verhalten sich einfach so, wie es ihnen zumute ist. Der Esel hat sicher seinen Tagesablauf nicht geplant, und die Nachtigall kein Konzertprogramm erarbeitet. Irgendwie scheint dies alles wie von selber zu laufen, wie auch beim Löwen in der Steppe, dem sich ein leichtsinniger Steppen-Wanderer geradezu zum Fressen aufzwingt.

Was kann der arme Löwe dann auch dafür, dass es ihm gut schmeckt?

Du aber hast Dich schon oft frei entschieden, Für und Wider sorgsam abgewogen und dann erst gehandelt oder Dich zurückgehalten. Beim Tier entscheidet gewissermaßen der Trieb, was es tun muss. Der Mensch entscheidet souverän nach seinem Geist oder nach seinem „Bock".

Genau so frei will Gott ihn auch haben. Seine schönste Erfindung auf Erden, der Ihm ebenbildliche Mensch, soll frei entscheiden können.

Diesen „Freien Willen" hat Gott jedem Menschen mit in die Wiege gelegt, als eine gewisse Gottähnlichkeit. „Wie der Vater, so der Sohn." In der hl. Schrift heißt dies: „Lasset uns den Menschen schaffen nach Unserm Bild und Gleichnis". Was wäre der Mensch doch, wenn er aus innerem Zwang heraus handeln müsste? Er wäre das gefährlichste Raubtier, wie zeitweilig schon vorgekommen, was das wirklich Böse in der Welt erklärt.

Gott hat aber auch noch einen ganz bestimmten Grund, warum er dem Menschen so viel Freiheit gegeben hat. Er hat seinen Söhne und Töchtern ein Superleben in Seinem Universalpalast oder Seiner Idealwelt zugedacht, ohne jede zeitliche Beschränkung. Die spielverderberische Zeit, die allem Schönen in der Welt so schnell ein Ende setzt, möchte Er für uns abstellen und durch Zeitlosigkeit ersetzen.

Der Eintritt in diese Spezialwelt ist der freie Wille. Das heißt jeder Eintrittskandidat muss zuvor beweisen, dass er seinen freien Willen mit dem freien Willen Gottes gleichschalten kann und dies auch freiwillig will.

Ist dies bis zum Ende der „Aufnahmeprüfung" Welt erfolgt, wird der Eintritt frei geschaltet und alles ist gewonnen.

Es liegt also an uns, unseren kostbaren Freien Willen zu entwickeln. Wir müssen ihn "eichen", da er sonst „vertieren" könnte. Die Maßeinheiten sagt uns das Gewissen, das wiederum genormt wird im göttlichen Eichamt, das sind das Evangelium und die Gebote Gottes. So einfach ist das. Bei Gott ist alles unkompliziert. Die Menschen müssen alles kompliziert machen, weil sie sich nicht am Beispiel Gottes orientieren wollen. Wenn wir unsere Aufnahmeprüfung nach Drüben, also ins vollkommene und endgültige Leben, bestanden haben, dann wird alles ganz einfach, weil dann nur noch die Liebe gilt, und die ist, wenn echt, immer einfach.

Aber vorher heißt es, unsern Freien Willen zu trainieren. Dies ist eine sehr vornehme Aufgabe; denn der trainierte Freie Wille ist gewissermaßen unser Passbild, das dem Antlitz Gottes gleicht. Somit „passt" es.

7. Mehr wert als alle Schätze der Welt?

In Afrika gibt es viele Kinder. Sie sind sehr reizvoll und lustig, anhänglich und lernbegierig. Aber sie sind oft sehr vernachlässigt aus Armut oder Familienproblemen und kommen dann zu kurz. Viele müssen sich dabei überflüssig vorkommen.

Dies trat zutage, als ich einmal über den Wert jedes einzelnen Menschen zu den Kindern sprechen wollte. Wir saßen zusammen in einem großen Kreis.

Ich nahm einen Hundert-Dollar Schein, den Kindern wohlbekannt aus der Werbung und ließ ihn mitten in den Kreis auf den Boden flattern. Die Kinder starrten wie gebannt auf dieses in ihren Augen Riesenvermögen.

Ich fragte einen Jungen: "Was denkst Du, was ist wertvoller, dieses Papier oder Du?"

Ohne zu zögern zeigte der Junge auf den Schein. Ich fragte andere: Immer das gleiche Ergebnis. Ein afrikanisches Kind ist in den eigenen Augen keine hundert Dollar wert.

Dies ist ihre Lebenserfahrung. – „Ich zahle aber mehr für jedes von Euch, wenn ich es kaufen könnte. Ich zahle tausend Dollar!" - Dies ging über alles Begreifen. Und dann sagte ich: „Ihr seid viel mehr wert. Eine Million? Hundert Millionen?" – Verständnislose Blicke. Ich erklärte ihnen: „Säcke voller Geld können morgen bereits wertlos sein. Es ist ja nur Papier. Ihr aber bleibt immer und ewig bestehen. Ihr seid so wichtig und wertvoll, wie Euer Schöpfer denkt. Weil Ihr Ihm so wichtig und wertvoll seid, hat Er Euch werden lassen. Diesen Wert kann niemand von Euch nehmen. Und weil Ihr Ihm so wertvoll seid, will Er alle von Euch ewig bei sich haben in Seinem ewigen Palast, den wir Himmel nennen. Wenn Ihr so gut bleibt, wie Ihr jetzt seid, kommt Ihr alle zu Ihm. Ihr braucht nur eines zu tun: Ihn lieben. Wer von Euch liebt Ihn?"

Die Finger schnellten hoch. „Er würde Euch sogar lieben, wenn Ihr dies nicht tun würdet.

Aber dann wäre Er traurig über Euch. Er kann Euch nur ewig so glücklich machen, wenn Ihr selber dies wollt. Und da Ihr alle dies wollt, hat jedes von Euch einen Schlüssel zum Himmelstor. Die Liebe zu Gott schließt für jeden

den Himmel auf. Kann man aber den Schlüssel verlieren?" Fragende Gesichter. „Es gibt Menschen, die verlieren sogar Gott. Sie wollen Ihn nicht mehr haben, weil sie ihr eigener Gott sein wollen, und deshalb sagen sie einfach, es gibt keinen Gott. Damit haben sie Gott abgewiesen, also verloren, und damit ist natürlich auch der Schlüssel zum Himmelreich verloren."

Die Kinder konnten nicht begreifen, dass es so etwas gibt. Für afrikanische Kinder ist Gott eine Selbstverständlichkeit.

Wir aber sollten nie vergessen, dass unser menschlicher Wert in der Wertschätzung Gottes liegt, die Er von uns hat. Daher ist jeder Mensch mehr wert als alle Schätze und Finanzen der Welt zusammen genommen. Sie alle vergehen. Der Mensch und sein Wert bleibt mit Gott für immer.

8. Was ist ein Atheist?

Viele Menschen erklären mit stolzer Selbstverständlichkeit: „Ich bin (natürlich) Atheist".

Was ist ein Atheist? Zumindest mal ein sehr interessanter Mensch. Es lohnt sich mit ihm zu sprechen, wenn er dazu bereit ist. Versuch mal, die nächste Gelegenheit wahrzunehmen.

Der Atheist wird Dir meistens sagen: „Was ich nicht sehen kann, glaube ich auch nicht".

„Ich habe Gott noch nie gesehen. Warum soll ich an ihn glauben?"

„Also, lieber Gott", möchte man da sagen: „Wenn es dich gibt, dann stelle dich mir mal gefälligst vor!" Das hat er aber bisher noch nicht getan. Wirklich nicht? Soll er wie irgendein Mensch von irgendwoher kommen und sagen: „Herrgott ist mein Name! Sehr angenehm!"?

Dass es Dich gibt, lieber Leser, ist natürlich selbstverständlich. Du bist selbstverständlich geboren. Du bist von selber ganz selbstverständlich herangewachsen. Dein Herz schlägt seither in Dir ununterbrochen ganz selbstverständlich. Alles, gar alles, was es gibt, ist selbstverständlich.

Du bist Dir also total selbstverständlich. Aber Dein Bruder, den Du vielleicht gar nicht hast, warum ist der nicht ebenfalls selbstverständlich da, wie Du es bist? Gibt es einen Unterschied von selbstverständlich und selbstverständlich? Ist Deine Existenz Zufall? Viele Menschen behaupten, es gibt nur Zufall. Willst Du ein Zufall sein, oder lieber doch nicht? Macht es überhaupt Sinn, Zufall zu sein? Mit Zufällen ist nicht zu rechnen, sie sind unberechenbar.

Dein Computer auf Deinem Schreibtisch ist natürlich auch Zufall. Irgendwie ist er da zufällig geworden. Wenn ihn aber niemand dorthin gelegt hat, dann ist er auch nicht da. Aus Nichts wird Nichts. Von Nichts kommt Nichts. Dass Du Du selber bist, kann nicht von Nichts kommen. Alles was ist, hat einen Grund und dieser Grund hat wieder einen Grund und so weiter bis zu einem Urgrund. Ja, lieber Atheist, wer ist wohl dieser Urgrund? Gar Du selber? Hast Du Dich selber gemacht? Und Dein Computer und Deine Umwelt und Dein Alles um Dich herum bis in die fernsten Weiten des Alls? Ja, der Atheist muss einen sehr starken Glauben haben, nämlich den Glauben, dass alles aus Nichts geworden ist. So etwas kann nur ein ganz, ganz fester Glaube annehmen. Der Atheist ist eigentlich der gläubigste Mensch, den man sich vorstellen kann. Er glaubt bis zum Irrsinn an das Nichts, dass daraus Etwas geworden ist und weiter wird. Dieses Etwas ist die unglaublich vielfältige Welt, ihn selber mit eingeschlossen, als das wunderbarste Wesen auf dieser Erde. Ist nicht der Mensch für sich selber der beste Beweis, dass es einen Urgrund für seine Existenz geben muss und damit auch für die Gesamtexistenz des unvorstellbar großen Universums. Diesen Urgrund können wir nennen wie wir wollen. Sein Wesen spiegelt sich wider in dem was er werden ließ. Er muss von unbegrenzter Phantasie sein, von größter Weisheit, von grenzenloser Macht, von großer Liebe, bis ins kleinste Detail. Die Israeliten gaben Ihm vier Buchstaben, das sogenannte Tetragrammaton, Ja(h)we. Auch wir haben vier Buchstaben für Ihn reserviert. Raten ist unnötig.

Die ungeheure Vielfalt im ganzen Universum, zu dem auch wir gehören, kann nur ein Wesen ins Dasein bringen, das noch weit größer als alles Vorhandene ist. Es muss also voll Weisheit und Sinnhaftigkeit sein.

Könnte man ihm zutrauen, die 7 Milliarden Menschen entstehen zu lassen, ohne Sinn, nur zum wieder Zerfallen? Ich nicht. Aber welchen Sinn hat er uns Menschen zugedacht, dass es uns gibt und dass es dies auch wert ist? Darüber kann man viel spekulieren. Aber da so ein unglaublich erfinderisches Schöpferwesen nicht stumm sein kann, da es ja keine Behinderung kennt, kann es also reden. Wer Welten schaffen kann, kann und will auch reden. Geheimnistuerei und Vertuschung haben da keinen Platz. Also muß dieses Wesen geredet haben über Sinn und Ziel seiner Schöpfung. Die Literatur kennt sehr viele Menschen, zu denen der ganz Große angeblich gesprochen hat. Aber da lässt sich das meiste wieder aussortieren, als der Größe des Offenbarenden nicht angemessen. Doch bleiben immerhin noch viele „heilige" Schriften übrig. Wenn man sich da hinein vertieft, kann einem ganz schwindlig werden. Aber irgendwie muss es der Große ja unternommen haben, sich unmissverständlich und deutlich erkennbar zu äußern. Da lässt er uns selber raten oder besser denken. Ich bin sicher, Du bist ihm bereits auf der Spur, kennst seine Offenbarungen. Sie halten jedem anderen Schrifttum stand. Man kann nichts Größeres finden. Wenn Du unvoreingenommen beurteilen willst, welches eine echte Veröffentlichung des Schöpferwesens an seine Menschheit ist, wirst Du ganz sicher drauf kommen. Auch hier brauche ich nicht raten zu lassen. Der Schöpfer will ja, dass Er von den Geschöpfen erkannt wird.

Da der Urgrund allen Seins die Menschen nicht gerade mit Dummheit geschlagen hat, wie wir gerne bestätigen, dürfen wir annehmen, dass jene Veröffentlichung die richtige ist, die am meisten von den Menschen als solche erkannt worden ist, wohl längst auch von Dir. Der Große würde eine Niederlage beziehen, wenn er nur von einer Minderheit erkannt würde.

Dies würde gegen ihn selber sprechen.

Nun sind es merkwürdigerweise viele gegeneinander sich abgrenzende Gruppierungen, die dem Urheber der Verlautbarungen anhängen. Warum nur streiten sie sich? Meist in der Auslegung. Man möchte gern ein bisschen gescheiter sein als die andern. Aber auch hier gilt wieder der Grundsatz, dass sich der ganz Große nicht von seinen Geschöpfen schlagen lässt. Er hat es so eingerichtet, dass alles, was er sagt, von der Mehrzahl der Empfänger verstanden und angenommen wird. Es muss also wieder die zahlenmäßig größte Gruppe sein, die geschlossen als eine Einheit hinter Ihm steht. Treffe Du die Entscheidung.

Jetzt überlege mal, welch großen Glauben unser Atheist haben muss, um unsere Gesichtspunkte zu bestreiten. Beweise und vernünftige Rückschlüsse hat er keine. Er kann also nur glauben. Dabei behauptet er, er sei ungläubig. Wirklich interessant! Kein Wunder also, dass so viele denkende und bedeutende Atheisten dank ihrer Glaubensfähigkeit zu Ihm gefunden haben, der sie will und liebt.

Vielleicht willst Du weiter mitdenken: Dieses große Wesen, das Dich und mich verursacht hat und lebendig haben will, muss uns doch interessieren. Das Leben, das Es uns gegeben hat, beruht ja auch auf Millionen unwahrscheinlichster Voraussetzungen, die Er in die uns erhaltende Natur hineingelegt hat. Wir sollten Es nicht nur gerade so nebenbei erkennen, sogar möglichst viel über Es wissen. Manche Menschen hat dieses Forschen ein ganzes Leben beschäftigt. Sie haben es für uns getan, damit wir es leichter haben. Wir brauchen nur nachzulesen in kritisch ausgewählter Literatur. Auch kann uns mancher Mensch mit überzeugender Lebensgrundhaltung und Erfahrung zu mehr Wissen verhelfen. Vieles aber kannst Du selber logisch erschließen. Der unendlich Große ist durch und durch logisch und kein bisschen kompliziert. Nur wir Erschaffene sind es, können aber doch mit unserer kleinen Logik viel Zutreffendes herausfinden.

Haben wir ausreichende Erkenntnisse gewonnen, dann wird es uns ein großes Anliegen sein, mit diesem menschenfreundlichen Wesen auch in Verbindung zu treten. Hat er uns gewollt und will uns weiter, warum sollten wir nicht auch zu ihm wollen? Das erfordert Verbindung. Stell Dir nur vor, Du bekommst Verbindung zum allergrößten Wesen! Dazu kann man Dir nur gratulieren. Größeres kannst Du eigentlich im Leben gar nicht mehr erreichen. Mit ein bisschen weiterem Nachdenken kannst Du auch bestätigen, dass Du damit den Hauptsinn Deines Lebens erreicht hast. Und wie bekommst du diese Verbindung? Das ist so leicht, dass Du es längst weißt. Du musst nur ganz dahinter stehen, wie beim Wählen einer hohen Handyzahl.

Lass den Atheisten das sein, was er weiter sein will; denn nur wenn man fest entschlossen sein will, kann man wirklicher Atheist sein. Das ist für ihn zwar unverbindlich, aber auch total unlogisch und unsinnig. Du aber als Gegenteiliger bist Spitze geworden durch Deine Entdeckung der absoluten Spitze allen Existierenden. Sie ist auch so sehr absolute Spitze, dass sie Dir erlaubt, Ihn Vater zu nennen.

In den vergangenen Jahrzehnten haben sich höchstrangige Wissenschaftler zu Gott bekannt.

Doch hat sich auch unter führenden Forschern und Professoren die Meinung gebildet, dass sich die Welt und das Universum ohne einen Schöpfer erklären lasse. Mittlerweile aber sind die Naturwissenschaften sehr viel weiter fortgeschritten und es gelang, in Gebiete vorzudringen, die so großartig sind, dass sich führende Wissenschaftler wieder zunehmend zum Glauben an Gott bekennen, weil sie sehen und verstehen, dass die ungeheure Schöpfung ein gewaltiges und intelligentes Kunstwerk ist, das nur von einer ihr außerhalb stehenden persönlichen Allmacht verursacht werden konnte und nicht aus sich selber entstanden sein kann. Die Entwicklung wird mit zunehmenden Forschungsergebnissen in diese Richtung weitergehen.

Wir können damit sagen, dass jeder Atheist, der sich Gott zuwendet, sich in gute Gesellschaft begibt.

Es gehört schon lange nicht mehr „zum guten Ton" Atheist zu sein.

9. Selbstverständlich, ja oder nein?

Das Leben ist voller Gegensätze: ja – nein, hell – dunkel, alt – jung, groß – klein, und so könnte man stundenlang fortmachen. Welt und Leben sind voller Dualismus. Zu allem, was es gibt, gibt es auch ein Gegenteil. Gibt es auch einen Gegensatz zu „selbstverständlich"?

Zufällig? Unerwartet? Überraschend? Unwahrscheinlich? Ein treffendes Gegensatzwort scheint es nicht zu geben. Man könnte höchstens ein "nicht" davor setzen und hätte dann: "Nicht selbstverständlich."

Eigentlich ist das ein Mangel und schade. Es hat zur Folge, dass wir sehr viele Dinge für selbstverständlich nehmen, die es eigentlich gar nicht sind. Dies hat Konsequenzen auf unsere Lebenseinstellung, Geisteshaltung, ja sogar Religion.

Was halten wir nun eigentlich für selbstverständlich?

Dass wir leben. Denken und reden können. Uns frei bewegen können. Dass unser Herz schlägt. Dass wir alles haben, was wir zum täglichen Leben brauchen. Dass die Sonne scheint. Und so fort. Bei genauerem Betrachten aber ist dies alles überhaupt nicht selbstverständlich.

Gibt es überhaupt etwas, was selbstverständlich ist? Denke darüber nach. So sehr ich darüber nachdenke, desto weniger fällt mir ein. Gibt es vielleicht überhaupt nichts, das selbstverständlich ist? Ich weiss bei tieferem Nachdenken wirklich nichts. Es ist nicht mal selbstverständlich, dass Du Du selber bist. Du könntest ja auch eine andere Person sein. Alles könnte anders sein. Besser noch, alles könnte auch nicht sein, nicht existieren. Wenn es wirklich etwas Selbstverständliches gäbe, dann wäre es das Nichts. Das Nichts würde alle diese Denk-Probleme lösen. Aber ein wirkliches Nichts gibt es nicht.

Es gibt nicht einmal den leeren Raum als Nichts. Denn je mehr man ein Vakuum herstellen will, umso mehr entsteht in der wachsenden Luftleere, also aus dem Nichts etwas Neues. Es gibt immer etwas. Und das milliardenfach. Und im Weltraum? Das Licht in seiner Wellennatur durchschießt ihn mit dreihunderttausend Sekundenkilometer. Aber aus was sind diese Wellen? Man beginnt wieder an einen „Äther" zu denken. Der Weltraum dehnt sich mit fast gleicher Geschwindigkeit wie das Licht nach allen Seiten hin aus, in den leeren Raum hinaus? Aber der kann gar nicht leer sein, weil er sofort das Licht der Gestirne transportiert mit Lichtgeschwindigkeit. Und überall gelten die gleichen Naturgesetze wie die Schwerkraft, die alles in Ordnung zusammen hält. Wo ist da endlich ein Ende? Und was kommt dahinter? Das reine Nichts gibt es nicht. Es gibt immer ein Etwas. Und alles, was es gibt hat seinen Grund. Nichts ist grundlos und selbstverständlich.

Aber kehren wir in unsere Nähe zurück. Da gibt es diese ganz kleinen Mücken, Fruchtfliegen genannt. Sie sind kaum einen Millimeter groß, aber ausgesprochene Kunstflieger. Im Mikroskop kann einem das Staunen kommen, wie diese Winzlinge konstruiert sind, dass jeder hightech- Hubschrauber das Nachsehen hat. Seither kann ich diese kleinen Kunstwerke nicht mehr gedankenlos töten.

Nehmen wir einen Kieselstein vom Boden auf oder auch nur ein Sandkorn.

Im Mikroskop hört es auf etwas Gewöhnliches oder Selbstverständliches zu sein. Dringen wir theoretisch bis zu den Elementarteilchen vor, aus denen sie aufgebaut sind, überkommt einen wieder das Staunen, wie so etwas überhaupt möglich ist. Am „unmöglichsten" aber ist, was wir für am allerselbstverständlichsten halten, unser Körper mit Gehirn. Man hört immer wieder munkeln, dass die Wissenschaft noch kein Prozent in die Geheimnisse der organischen Wirksamkeit unseres Leibes eingedrungen ist, der untrennbar mit einem unglaublichen Geist verbunden ist, von dem wir nach dem Gesetz der Erhaltung der Energie annehmen müssen, dass er unzerstörbar, also unsterblich ist.

Auch alle anderen Bestandteile des Körpers sind staunenswert. Und so etwas Großartiges, wie der Mensch kann sogar vom fraulichen Körper selbst hergestellt werden. Wir nennen diesen Herstellungsvorgang Schwangerschaft und nehmen auch ihn für ganz selbstverständlich und doch ist es nichts Geringeres als die automatische Herstellung eines Menschen durch eine Mutter.

Die ganze Welt, so gewöhnlich und selbstverständlich wir sie nehmen, ist ausnahmslos von großartiger Struktur und Beschaffenheit. Da ist überhaupt nichts Selbstverständliches darunter.

Alles ist zusammengesetzt aus Atomen. Doch diese sind wieder aufgebaut aus Elementarteilchen. Und woraus bestehen diese? Man spricht von Quarks, – und diese?

Letztlich bestehen sie aus Energie, einer schwer erklärbaren Grund-Energie, die sich verdichten kann zu Materie, wie umgekehrt Materie wieder zu Energie werden kann, wie Atomenergie und Atombomben uns beweisen. Und was ist eigentlich Energie? Sie steht irgendwie zwischen Geist und Materie. Ist Gott nicht Geist? Ja, Gott ist personhafter Geist. Er kann aber Geist aussenden als Energie, die sich nach seiner Weisung materialisiert und so zur „Schöpfung" wird. Alle Materie ist somit Ausfluss und Ausstrahlung aus Gott.

Wir haben schon erwogen, dass es nur zwei Wesenheiten gibt: Schöpfer und Schöpfung. Wir könnten mit Ehrfurcht sagen: Es gibt die personale Ur-Energie (Gott) und die von ihm ins Nichts ausgestrahlte Schöpfungsenergie. Beides hängt ursächlich zusammen. Etwas Drittes können wir uns nicht vorstellen. Selbst Deine Gedanken und Wünsche sind Energie.

Wir können so erahnen, was es mit der Allgegenwart Gottes auf sich hat. Alles, was es gibt, wird jederzeit durch Gott erhalten. Könnte Gott „sterben", würde alles ins Nichts zerfallen. Wo Geist oder Materie sind, ist auch Gott.

Somit trägt alles in sich das Siegel „made in Heaven" und ist ein Zeugnis göttlicher Herkunft.

Je mehr wir dies erfassen, desto größer wird unser Staunen und Bewundern der Kraft Gottes, in der alles vereint ist: Schöpfer und Schöpfung und Du selber mitten darin.

10. Was ich nicht sehen kann, das gibt es auch nicht!!! – Oder doch?

Zur Veranschaulichung von Kapitel 8

Aus dem Internet mit Erlaubnis.

Im Bauch einer schwangeren Frau unterhalten sich zwei Kinder:

„Sag mal, glaubst Du eigentlich an ein Leben nach der Geburt?"

„Ja, aber natürlich! Hier drin wachsen wir und werden stark für das, was danach kommen wird."

„Ich glaube das ist Blödsinn", sagt der Erste. „Es kann kein Leben nach der Geburt geben.

Wie, bitte schön, soll das denn aussehen?"

„So genau weiß ich das auch nicht. Aber es wird sicher viel heller sein als hier. Und vielleicht werden wir rumlaufen und mit dem Mund essen."

„So einen Unsinn habe ich noch nie gehört! Mit dem Mund essen! Was für eine verrückte Idee! Was glaubst Du denn, wozu es eine Nabelschnur gibt, durch die wir uns ernähren? Und wie willst Du Dich dort bewegen und rumlaufen? Dazu ist unsere Nabelschnur viel zu kurz."

„Doch, – es geht bestimmt. Es ist alles nur ein bisschen anders."

„Du spinnst! Es ist noch niemand zurückgekommen von 'nach der Geburt'. Mit der Geburt ist das Leben zu Ende. Punktum!"

„Ich gebe ja zu, dass keiner weiß, wie das Leben nach der Geburt aussehen wird. Aber ich weiß, dass wir dann unsere Mutter sehen werden, und sie wird für uns sorgen."

„Mutter?!! Du glaubst doch wohl nicht an eine Mutter! Wo ist denn die, bitte?"

„Na hier, überall um uns herum. Wir sind und leben in ihr und durch sie."

„Quatsch! Von einer Mutter hab ich noch nie was bemerkt, also gibt es sie auch nicht."

„Doch! – Manchmal, wenn wir ganz still sind, kannst Du sie singen hören oder sogar spüren, wenn ihre Hand sanft unsere Welt streichelt."

11. Spürt man die Seele?

Wenn ich eine Seele habe, wie kann ich dies erfahren? Wenn ich „ich" sage und fühle, ist dies Ausdruck meines Bewusstseins, also eine Leistung des Gehirns, das mit dem Tode aufhört, oder ist dieses Ich-Bewusstsein bereits Ausdruck meiner Seele? Aber wenn ich schlafe, dann hört dieses Ich doch auf? Schläft also die Seele dann gleichzeitig mit dem Gehirn? Wenn man eine Narkose erhält, betrifft dies dann ebenso auch die Seele? Damit wäre die Seele etwas Stoffliches und Zerstörbares wie das Gehirn auch. Doch da ist wohl ein Denkfehler: Wenn wir schlafen und unseres Selbst nicht mehr bewusst sind, sei es denn im Traum, so hört doch unsere leibliche Existenz und Leben mit dem Schlaf nicht auf. Das Leben ist unabhängig von unserm Bewusstsein.

Ebenso ist das mit unserer Seele. Sie ist fest mit dem Leib verbunden, so wie das ungeborene Kind mit der Mutter. Erst wenn das Kind geboren ist, kommt es langsam, im Lauf der ersten Jahre zum Bewusstsein seiner selbst, obwohl der Leib seit seiner Empfängnis bereits existierte.

Unsere Seele lebt in unserem Leib wie das Kind im Schoß seiner Mutter. Erst wenn unsere Seele aus unserm Leib hervorkommen kann, wie durch eine Geburt, kann sich das volle Bewusstsein der Seele einstellen mit allen dazugehörigen Sinnen. Solange aber unser Leib lebt hüllt er unsere Seele so ein, dass die Sinne der Seele nicht zur Entfaltung kommen können. Sie weiß lediglich von sich selber im Selbstbewusstsein. Sehen, fühlen und hören in die geistige Welt hinein kann sie jedoch in der Regel nicht, bis sie vom Leibe unabhängig wird, wie das Kind vom mütterlichen Leib.

Also kann sie Jenseitiges nur im Glauben erfassen und Jenseitiges kann für uns nur erfahrbar werden, wenn es in unsere sinnenhafte Wahrnehmbarkeit herein tritt. Dies aber bleibt auf Ausnahmefälle beschränkt, damit unser natürliches Leben seinen ungestörten freien Lauf nehmen kann. Den Menschen aber, denen Gott eine übernatürliche Wahrnehmbarkeit schenkt, ist ein normales Leben zumeist verwehrt.

Kann man die Seele versichern?

Du fühlst Dich gesund und ich wünsche, dass du es auch wirklich bist. Doch warum gehst Du dann eine Krankenversicherung ein? Und Du versicherst noch mehr: Leben, Haftpflicht, Diebstahl- und Unfallversicherung, Feuer, Wasser, Einbruch, sogar Wetter und Urlaub.

Warum versicherst Du das, was unsicher ist? - Es könnte als Wirklichkeit eintreten.

Bist Du so sicher, dass ein Weiterleben nach dem Tode nie Wirklichkeit werden wird?

Oder hältst Du es für möglich, wie das Eintreten einer Krankheit, eines Unfalles oder eines Verlustes? Warum versicherst Du Dein Weiterleben denn nicht, obwohl es sich im Fall der Wirklichkeit um das Allerwirklichste für Dich handelt, dem gegenüber alles andere verschwindend unwichtig wird? Nur ein ganz starker Glaube an den Unglauben oder eine alles vergessende Gleichgültigkeit gegenüber der Zukunft kann diesen Zustand erträglich machen. Wie aber kann man seine Seele versichern? Die Antwort ist einfach. Du weißt sie bereits.

12. Was Dich ganz besonders auszeichnet

Was Dich noch wertvoller macht:

Hast Du schon einmal versucht, mit Deinem Lieblingstier zusammen zu beten? Du wirst bald merken, dass es keinerlei Verständnis dafür hat. Du kannst Deinem Hund Dein schönstes Christusbild zeigen. Es wird höchstens daran schnuppern, ob es fressbar ist. Ein Tier kann Gott nicht erfassen. Es mag zwar viel feinere Sinne haben als wir Menschen, mag sogar übersinnliche Erscheinungen wahrnehmen, von denen Du nichts erspüren kannst, in eine leere Ecke bellen, in der Du nichts siehst. Verstehen aber kann ein Tier nur, was ihm materiell erlebbar ist. Von sich aus kann ein Tier nicht mit Gott in Verbindung treten. Es wird nie fragen: "Woher komme ich, wo gehe ich hin?" Es nimmt seine Existenz ganz selbstverständlich, einfach da zu sein und zu bleiben. Es kann erleben, anhänglich sein und genießen, und das ist auch alles.

Menschen, die gar alles so ganz selbstverständlich nehmen, sind geistig nicht weit vom Tierreich entfernt.

Auch die ganze übrige Schöpfung in ihrer wunderbaren Vielfältigkeit kann ihren Verursacher nicht erkennen. Dazu musste erst der Mensch geschaffen werden. Erst er kann die Zusammenhänge zwischen Schöpfer und Geschöpf erfassen. Somit hat er die Aufgabe, alles Geschaffene, das nicht Mensch ist, vor dem Schöpfer zu vertreten. Er ist das Sprachrohr der Schöpfung zu Gott. Die ganze Schöpfung zusammenfassend und vertretend kann er dem Schöpfer danken und Ihm Anerkennung zollen.

Durch den Menschen hat die Schöpfung erst ihren vollen Sinn. Sie kann sich ja nicht selber erkennen. Nur der Mensch kann dies weitgehend. So kann er der Schöpfung erst ihren vollen Sinn geben, daher die „Krone der Schöpfung" sein, in dem er sie zu Gott empor hebt und sie so gebraucht, wie Gott sie für ihn zur Verwendung geschaffen hat. Darum steht in der Bibel : „Macht Euch die Erde untertan." Vielleicht ist dies treffender zu übersetzen: „Ihr dürft die Erde gebrauchen."

Du aber weißt, dass dies nicht alles ist. Das von uns Erfassbare ist nur ein winziger Teil von allem, was wirklich existiert, sichtbar oder unsichtbar. Du kannst mit Deinem Denken, Deiner Vorstellung, Deinem Wissen, Deiner Intelligenz alles, was existiert, irgendwie be-„greifen", wozu dem Tier der Verstand fehlt. Diese besonderen Gehirnzellen hat das Tier einfach nicht. Sonst wäre es ja schon fast ein Mensch.

Du hast also eine wunderbare Begabung, durch die Du erst wirklich Mensch bist. Du kannst Dich selbst erkennen, Deine Mitmenschen und alles, was dazu gehört. Dein Verstand kann vor allem erkennen, dass es Gott gibt, dass Du mit Ihm in Verbindung treten kannst, dass Du beten kannst.

Dies ist eine phantastische Fähigkeit. Du hast sie und sie macht Dich groß.

Versuch einmal jetzt, die ganze Schöpfung mit Deinem Geist zu umfassen und sie dankend Gott darzubringen und damit zu segnen. Du hast des Schöpfers Vollmacht und Auftrag dazu. Du stehst über der Schöpfung. Zwar bist Du ein Teil von ihr. Aber der Teil höchsten Ranges, also die Krone. Damit stehst Du zum Teil über der materiellen Schöpfung.

Das, was der Mensch zusätzlich zum Tier hat, nennen wir Geist. Dies ist ein riesiger Unterschied.

Durch seinen Geist hat der Mensch unglaubliche Dinge erfunden und bewerkstelligt. Und diese Geistesentwicklungen gehen immer noch weiter. Der eigentliche Erfinder ist natürlich Gott. Der Mensch erfindet nur nach, was Gott schon zuvor als Möglichkeit konzipiert hat. Man könnte die Welt als einen riesigen Bausatz betrachten, der entsprechend zusammengesetzt werden muss, und so werden nach Gottes Vorgabe Computer, Düsenliner, Sportwagen und Roboter zusammengebaut. Dazu ist eine Menge Wissen, 'know how', wir nennen es auch 'Information', notwendig. Unser Geist hält ohne unser Zutun nur durch 'Information' unsern Körper im Wachsen und Funktionieren zusammen.

Gott hat aber darüber hinaus auch geistige Bausätze vorgebildet. Ihn erkennen zu können ist so ein Bausatz. Ja, Er hat in uns alle Möglichkeiten vorherentwickelt, dass wir Ihn erkennen können.

Warum gibt es eigentlich immer noch Menschen, die da fragen: Gibt es eigentlich einen Gott? Da fehlt es aber dann nicht am Verständnis. Dies hat der Schöpfer ja reichlich gegeben. Es fehlt am Willen. Nicht jeder Mensch möchte so einfach anerkennen, dass über ihm noch ein höheres Wesen steht, das zum Wissen auch die Macht hat, alles zu vollbringen und zu erschaffen, selbst etwas so Unglaubliches wie den Menschen, der Du selber bist.

Der Mensch muss also seinem Geist noch etwas hinzufügen, das ihn fähig macht, noch Höheres anzunehmen, das über ihm steht und vielleicht auch zu berücksichtigen ist. Dies muss der Mensch einfach selber tun. Er muss es FREIWILLIG wollen. So hat Gott dem Menschen zu seinem großen Geist hinzu auch noch eine Macht geschenkt, diesen Geist zu lenken und in die Schöpfung einzuordnen. Diese Macht ist der FREIE WILLE. Er ermöglicht die vom Schöpfer erwartete Antwort des Geschöpfes. Du kannst sie aufgreifen und zum Dialog (Gebet) machen, und diese Deine positive Reaktion hebt Dich hinauf zum Mitarbeiter Gottes. Du bist also nicht nur ein Teil der Schöpfung und Empfänger ihrer Werte, sondern in Partnerschaft mit dem Schöpfer gibst Du der Schöpfung ihren tiefsten Sinn.

Dies zeichnet Dich vor allen anderen Geschöpfen aus. Zusammen mit all den anderen, die mit auf Deiner Ebene stehen, gehörst Du als Empfänger der Schöpfung auch zur Motivation Gottes, die Ihn zur Schöpfung bewegte. In diesem Sinne bist Du, wie wir Menschen alle, empfangender Mitschöpfer alles dessen, was ist. Aus diesem Grunde will Dich Dein Schöpfer, nachdem Du freiwillig als aktives Geschöpf gelebt hast, auf Seine Ebene hinauf heben, die wir Himmel nennen.

13. Der direkte Zugang zu Gott

Hast Du schon mal versucht, eine hochgestellte Persönlichkeit anzurufen? Da wirst Du in der Regel nicht viel Glück haben. Die Leitung ist meistens belegt oder sonst kein Durchkommen. Du brauchst einen besonderen Zugang. Den gibt es bei solch gesuchten VIPs. Man nennt sie hotline. Damit klappt es dann meistens.

Mit der hotline von Gott aber klappt es immer. Normal hast Du aber immer so ein etwas befremdendes Gefühl, wenn Du Dich persönlich etwa an den Vater wendest. Er ist doch der Weltenschöpfer, der alles am Leben erhält und leitet. Er hat mit 7 Milliarden Menschen zu tun, auch mit all den anderen vermuteten belebten Welten im Raum.

Wie kann ein kleiner Wicht überhaupt mit Ihm in Kontakt kommen? Ja, da haben wir das Vater unser. Aber das rollt meistens so automatisch ab, ohne direkten Kontakt. Es ist wie am Telefon, wenn das Belegtzeichen piepst.

Du brauchst also unbedingt Seine hotline. Aber gibt es die überhaupt? Ja, und sie hat nur 5 Stellen, wie eine Vorwählzahl. Und das Handy oder Telefon? Unnötig. Die Verbindung geht telepathisch.

Und die fünfstellige Zahl? Sie besteht aus Buchstaben. Die suchst Du Dir jetzt wie ein kleines Rätsel zusammen: Die Zahl zeigt Dir jeweils den betreffenden Buchstaben im Alphabeth: Da ist die 12, die 9, die 5, dann 2 und wieder 5. Das J. zählt mit.

Wenn Du die hotline-Verbindung jetzt hast, dann richte das, was diese Buchstaben bedeuten, ganz fest und direkt auf den Vater, wie ein frecher Lausbub mal nach Rom telefonierte, auch mit hotline, die er verbotenerweise ergatterte: „Hallo Papst! Wie geht's?" – Er bekam eine gütige Antwort.

Biete dem Vater die Bedeutung Deiner 5 Buchstaben an. Lass sie aus Dir heraussprudeln, direkt auf Ihn zu.

Vielleicht spürst Du bald, dass es Dir in der Brust warm wird, auf der linken Seite, wo das Herz ist.

Genieße dieses schöne Fühlen und nimm es an als des Vaters Aufmerksamkeit. Sie ist jetzt direkt auf Dich gerichtet. Du bist Ihm jetzt wichtig. Und was sollst Du Ihm sagen? Am besten gar nichts, Er weiß ja schon alles, bevor Du anfängst zu reden. Lass einfach die hotline wirken und alles andere um Dich herum versinken. Jetzt ist nichts anderes mehr wichtig, nur Er und Du und die verbindende hotline. Die Welt ist jetzt Nebensache. Bleibe so solange es Dir gefällt mit dem Vater. Er legt den Hörer nicht auf. Aber Du darfst Dich nach Sekunden oder Minuten wieder verabschieden: Tschüss, Vater, bis bald wieder!" (Weißt Du, dass Tschüss von Jesus herkommt? Jesus englisch ausgesprochen „Tschisas")

Er schmunzelt Dir zu. Deine Seele ist ein Stück gewachsen und reicher geworden.

Und wie ist das mit Jesus?: Genauso einfach. Seine hotline-Verbindung ist ebenfalls 5 Buchstaben lang und zwar sein Name: „Jesus". Er wird sofort Dich anblicken und Du wirst es sehen mit den Augen Deiner Seele, die Dir plötzlich aufgehen.

Gibt es auch eine hotline zum Heiligen Geist? Die darfst Du Dir selber auswählen, z.B. „Komm Heiliger Geist" oder einfach „Heiliger Geist" oder auch nur „Komm". Und dann lass Ihn ganz in Dich hineinleuchten. Spürst Du, wie Dein Inneres licht wird, ganz hell und warm? Im Feuer ist Er über die Apostel einst gekommen. Er will Dich genauso mit Sich verbinden. Du kannst mit Ihm geradezu eins werden und so eine Zeitlang bleiben. Verabschieden brauchst Du Dich gar nicht von Ihm. Du sagst ihm schlicht: „Jetzt bleib bei mir und geh mit mir zum Kicken oder „Büffeln". Er wird Dir für den Rest des Tages nahe bleiben.

Und nun lass die hotline hot werden.

14. Allein mit Gott?

Vielleicht ist es Dir gelungen, mithilfe Deines Nachdenkens und mancher Vorschläge aus dieser Schrift ein verwandtschaftliches Verhältnis zu Gott zu bekommen. Gott ist ja Dein Vater und Jesus Dein Bruder. Du kannst den heißen Draht zu Ihnen benützen, fühlst wohl auch die Freude, mit Ihnen für einige Minuten, oder gar länger einfach freundschaftlich beisammen zu sein.

Aber dann bist Du wieder allein. Vielleicht hast Du niemanden, mit dem Du über die so wichtigen Dinge reden kannst, der etwas davon und auch Dich selber versteht, oder Du wirst einfach abgewiesen, missachtet und belächelt, Dich mit Religion zu befassen. Manche werden Dich für dumm halten. Aber Du bist jetzt stark, mit dem mächtigsten Wesen des Universums verbündet und verwandt. Alle anderen, die gescheiter sein wollen als Du, sind im Vergleich zu Dir einfach blind.

Nun bist Du nicht der Einzige, der in solcher Lage ist und sich ein bisschen einsam fühlt. Vielleicht gibt es in Deinem Umkreis welche, die genauso denken wie Du, oder Du lässt einen Dir sympathischen Menschen oder einen Freund diese Schrift lesen, die ihm dann vielleicht auch weiter hilft, den Sinn seines Lebens besser zu erfassen. Du könntest noch weitere finden und einen kleinen Freundeskreis Gleichgesinnter aufbauen.

Jesus ist auch nicht allein geblieben. Er hat sich Freunde gesucht, gefunden und Sein Werk ist in die Jahrhunderte gegangen bis heute – weltumspannend.

Seine Freunde, wir nennen sie Apostel, haben überall, wohin sie gekommen sind, solche Freundeskreise gebildet, und heute sind es über 2,3 Milliarden Menschen, ein Drittel der Menschheit, die Jesus zum Freund und Gott zum Vater haben. Es ist die riesige Familie der Christen, die größte Menschenverbundenheit auf der Welt. Sei glücklich, dabei sein zu dürfen. Jeder Christ oder christlich gesinnte Mensch kann Dein Freund sein. Aber Du solltest etwas tun, um in eine örtliche Christengemeinschaft hineinzuwachsen. Gemeinsam ist man viel stärker als wenn man christlicher Einzelgänger ist.

Nun weißt Du längst, dass es viele christliche Gemeinschaften, sogenannte Kirchen gibt, die oft gar nicht so gut aufeinander zu sprechen sind, vielleicht sogar zerstritten sind. Dies ist sehr schade. Um Dich mit Deinen Freunden einer christlichen Gemeinschaft anzuschließen, musst Du sehr wählerisch sein.

Prüfe alle Kirchen, die für Dich in Frage kommen sehr kritisch, was sie Dir geistlich zu bieten haben. Ein kleiner christlicher Verband mag wohl eine familiäre Atmosphäre pflegen, aber warum ist er klein? Dies hat seine Gründe, die gar nicht immer so günstig sind. Halte Dich lieber an große christliche Zusammenschlüsse, die wieder in kleinere Verbände örtlich vereinigt sind, sogenannte Pfarreien.

Alle christlichen Kirchen verwalten und vermitteln geistliche Schätze von Gott. Jedoch ist dies verschieden an Quantität und Qualität. Du bist gut beraten, wenn Du Dich an eine große, gut organisierte und vor allem innerlich, das heißt geistlich reiche Kirche anschließt. Vielleicht ist die größte Kirche auch die reichste Vermittlerin von Gaben Gottes, die Du im Leben so notwendig brauchst. Prüfe anhand von Literatur, die du in Pfarrbibliotheken finden kannst. Vor allem aber, nutze Deine Freundschaft mit Gott, Ihn zu Deinem Geleiter zu machen in die Kirche, die Er für Dich am besten weiß. Wenn Du dann die Orientierung gefunden hat, dann kannst Du Deine geistlich interessierten Freunde einladen, zusammen sich dieser besten Kirche anzuschließen.

Eine große geistliche Gemeinschaft kann Dich und Deine Freunde sehr bereichern und voran bringen. Darum hat Jesus Seine Kirche auch in damals sogenannte Christengemeinden zusammenwachsen lassen. Niemand sollte allein bleiben und draußen stehen müssen. Wo echter christlicher Geist, d.h. Jesu Liebe, alle verbindet, kannst Du Dich zuhause fühlen, geborgen und innerlich reich. Du kannst Dich, wenn Du Rat brauchst, auch an mich wenden. Gerne stehe ich Dir bei, ohne Deine Freiheit anzutasten. Es muss ja Dein völlig freier Entschluss sein, wohin Du Dich anvertraust, um von dieser Gemeinschaft mitgetragen zu werden auf dem Lebensweg zu Gott. Dort werden sich einst alle Menschen „guten Willens" treffen und die volle Einheit der ewig glücklichen Familie der Söhne und Töchter Gottes bilden. Dies ist unser aller wichtigstes Ziel.

Bekennst Du Dich zum Islam, dann kannst Du Dich trotzdem an Jesus und seine ganz heilige Mutter, Mirjam, der gleiche Name wie Maria, wenden.

Als Moslem glaubst Du an Allah als den Schöpfer des Universums. Da es nur einen Schöpfer geben kann, betest Du, wie auch die Christen, zu dem einen liebenden Schöpfergott, und was in diesem Buch steht, kann Dir genauso weiterhelfen wie einem getauften Leser.

Als ich einst in Afrika missionarisch tätig war, haben wir Christen, zusammen mit dortigen Muslims, einen gemeinsamen Gebetskreis gebildet. Wir sind regelmäßig zusammengekommen und haben füreinander gebetet. Wäre dies nicht auch bei uns möglich?

15. Der Dreifaltige

Du hast gelesen und vielleicht auch nun schon erfahren, wie leicht ein ganz tiefer Zugang zu Gott, also zum Vater, zum Sohn und zum Heiligen Geist möglich ist. Und was haben wir unter „Gott" zu verstehen? Oder unter „Herrgott" und „Herr"?

„Herr" ist eine menschliche Anrede und trifft auf den Gottmenschen Jesus zu, den Mensch gewordenen Sohn des Vaters.

„Gott" und genauso „Herrgott" betrifft den einen Gott in drei Personen, also die Allerheiligste Dreifaltigkeit in einem Wort.

Wir können uns, wie beschrieben, an jede göttliche Person einzeln wenden. Wir können uns aber auch an die Heiligste Dreifaltigkeit als Ganzheit richten. Aber sich an drei Personen zu wenden, kann ähnliche Probleme mit sich bringen, als wenn wir uns drei Menschen zugleich zuwenden. Versuchen wir deshalb einfach Folgendes:

Setze Dich ganz bequem und locker hin. Entspanne Dich und mach Dir klar, dass Du jetzt Zeit hast.

Und jetzt verbinde Dich ohne viel Worte mit dem Vater. Du kennst ja Seine hotline. Er hört Dich sofort. Dann ziehe Jesus zu. Er folgt sofort Deiner Einladung und ist nun neben Dir auf Deiner anderen Seite. Und dann rufe den Heiligen Geist. Er steht vor Dir. Und nun sehe Dich mitten drin in der heiligen Dreiheit, die wir als Gott anreden. Aber Du brauchst jetzt keine Worte zu formen. Staune, wie dies möglich ist, mitten in der allerheiligsten Dreifaltigkeit aufgenommen zu sein. Stimmt das wirklich? Bin ich dies wirklich? Probiere es aus und Du wirst die Antwort spüren. Du bist da am allerbesten geborgen. Aber wenn Du Dich so in Gott hinein begibst, lass zunächst alles andere, was Dich vielleicht bedrückt, bewegt oder sonst anzieht, weg. Dies würde Dich von Gott wieder wegziehen. Bleibe einfach mitten in Ihm, in vollem Einklang, voller Übereinstimmung und, soweit dies Dir möglich ist, in voller Erwiderung des göttlichen Liebesstroms, der von allen drei Seiten Dich umschließt und bescheint. Lass Dir nun Zeit. Bleibe dabei. Rede, wenn es Dich dazu drängt. Sonst aber schweige in heiligem Zusammensein mit Gott, mitten in Ihm. Er hat unbegrenzte Zeit für Dich. Du bist jetzt sehr wichtig für Ihn. Für Ihn bist Du jetzt groß, auch weil Seine Größe aus Dir zu ihm zurück strahlt.

Spürst Du Sein liebendes Lächeln? Lass auch Deine kostbare Seele Ihm entgegen lächeln. Und Deine Sünden? Die sind jetzt nicht aktuell. Überlasse sie Ihm. Hier bist Du ganz daheim. Mach dies zu Deinem geistlichen Zuhause. Immer kannst Du Dich hierher zurückziehen. Vielleicht stürmt es in Deiner Seele. Du findest hier wieder Ruhe und Frieden. Aber darfst Du so frech sein, Dich einfach mitten in der Heiligsten Dreifaltigkeit einzunisten?

Bedenke: Der Vater hat dich lebendig gemacht. Du bist Sohn von Ihm. Welcher gute Vater freut sich nicht, einen Sohn oder seine Tochter bei sich zu haben?

Jesus hat Dir am Kreuz hängend den Weg zur herrlichen Überwelt frei gemacht. Die Schranke ist für Dich hochgegangen. Wie sollte er Dich nicht freudig bei Sich begrüßen.

Der Heilige Geist ließ sich von Jesus zu Dir senden. Wie sollte Er sich nicht über Deinen Gegenbesuch freuen?

So bleib friedlich „daheim" in Deinem Schlupfwinkel im dreifaltigen Gott. Deine Sünden hast Du schon beim Eintreten an Jesus abgegeben. Jetzt bist Du in Deinem wirklichsten Heim.

Vielleicht willst Du noch mehr über dieses höchste Geheimnis nachdenken. Drei Personen und doch nur einer, wie kann dies zu verstehen sein?

Wäre Gott nur ein Einziger, so wäre er gewissermaßen in sich allein. Es würde Ihm etwas sehr Wesentliches fehlen, die Gemeinsamkeit. Dies würde Seiner uneingeschränkten Vollkommenheit widersprechen. So denke Dir Gott als eine gewaltige einzige Wesenheit in der aber drei Schwerpunkte auftreten, die in ständiger Beziehung zueinander stehen:

Der Schöpfer, der Vater, in Dem alles seinen Anfang hat. Der zweite Schwerpunkt ist der Sohn, Der dem höchsten irdischen Geschöpf, dem Menschen, die unendliche Weite des geistigen Universums eröffnet hat und dem sogenannten Heiligen Geist, Der uns Menschen die nötige Vergöttlichung verleiht, um ihn zu Gott auf die gleiche Ebene zu erheben, welche die Partnerschaft mit dem Allerhöchsten auf immer gewährleistet und erhält. Diese Dreiheit des Wirkens und Schöpfens entspringt dem einen höchsten Wesen, das wir Dreifaltigkeit nennen. Sobald wir uns daher an eine der drei göttlichen Personen wenden, sind wir bereits mit dieser einen höchsten und heiligsten Dreiheit verbunden. Ganz begreifen können wir dies erst, wenn wir zur Augenzeugenschaft gerufen werden, zur seligen Anschauung Gottes.

Wenn Du wieder nach einiger Zeit in Deine materielle Wirklichkeit zurückkehrst, hat sich in Dir etwas geändert. Du bist nicht mehr ganz der Gleiche wie zuvor. Gott lässt etwas von Ihm in Dir zurück. Es macht Dich gottähnlicher. Wir nennen es 'heilig machende Gnade'. Jedesmal bekommst Du mehr, wenn Du das Innerste Gottes aufsuchst. Du bist gewachsen. Sage „Danke" dafür.

16. Ist Gott Mann oder Frau oder Beides?

Diese Frage ist in der letzten Zeit wieder sehr modern geworden.

Wir nennen Ihn „DER Gott", also ein Mann. Das ist gut für die Männer. Und die Frauen? Bleiben die außen vor?

Wir müssen wieder zusammen etwas nachdenken:

Unsere Welt, in der wir leben, ist auf Gegensätzen aufgebaut und nur so zu verstehen und zu erklären: kurz – lang; warm – kalt; weiß – schwarz; schnell – langsam; jung – alt; Leben – Tod; Freude – Leid; Mann – Frau; und so kannst Du lange fortfahren. Auch der Computer basiert darauf: Etwas (1) – Nichts (0). In vielen Dingen ist auf der Erde eine Spannung zwischen zwei Gegensätzen. Davon rührt auch alles Leid her, aber auch Freude.

Kann es eine Welt geben, die nicht 'dual' konstruiert ist? Ja, das Jenseits:

Da ist gut und böse nicht mehr als Spannungsfeld zusammen, wie in unserm Leben, sondern getrennt zu den reinen Gegensätzen:

Gut = Himmel; Böse = das Gegenteil, meist Hölle genannt.

Im Himmel gibt es nur Gutes: Ewiges Leben, Freude, Licht, Vollkommenheit, Liebe, Jugend, Gesundheit, Unsterblichkeit ... das bringt die sichtbare und tief erfahrbare Gottesnähe mit sich. Leiden und Tod ist nicht mehr möglich.

Die Gottesferne hat nichts Gutes: Tod der Seele, Trauer, Finsternis, Verdorbenheit, Hass, Leiden, Verzweiflung ... Gott fehlt ...

Diese gegensätzlichen Welten sind also in sich nicht dual.

Gott selber ist auch in Seiner Dreiheit nicht dual. In Ihm ist keine Gegensätzlichkeit nur Einheit und Harmonie. Wir können sagen, er ist weder männlich noch weiblich. Er verkörpert alle guten männlichen und weiblichen Eigenschaften in sich selbst. Er hat die guten Seiten von Mann und Frau in vollendeter Fülle, ist also beides in einem.

Daraus folgt auch für die Menschen dort: Das Geschlecht spielt keine Rolle mehr. Daher sagt Jesus, dass im vollendeten Gottesreich nicht mehr geheiratet wird. Die Männer dort haben auch die besten fraulichen Eigenschaften und umgekehrt. Mann und Frau brauchen sich nicht mehr zu ergänzen. Beide haben alles. „Sie sind wie die Engel", sagt Jesus. Doch es gibt dort eine solche Vielfalt an Gutem und Schönem, dass keine Eintönigkeit aufkommen kann. Die Einzigartigkeit jedes Menschen bleibt bestehen, ja ist noch vervollständigt und vervollkommnet. Und jeder Himmelsbewohner ist in jeden anderen sozusagen verliebt. In dieser allgemeinen Liebe bleiben natürlich die früheren menschlichen Partnerschaften und Freundschaften bestehen, aber durch nichts mehr getrübt. Die untrübbare Liebe verbindet alle. Auch ist echte Liebe nie langweilig, sondern verlangt Ewigkeit.

Solange wir aber irdische Menschen sind, bleiben wir dual. Und so sehen wir, ohne es ändern zu können, die drei göttlichen Personen mehr als Männer und können sie uns nur schwer als Frauen vorstellen.

Diese Dualität hat jedoch nichts mit gut und ungut zu tun, sondern ist einfach eine aufeinander bezogene Andersartigkeit. Gott hat dies berücksichtigt, indem Er uns in der Mutter Jesu eine Frau geschenkt hat, die alle Frauen- und Mutterideale in sich verkörpert, obwohl sie reiner Mensch ist und keine Göttin. Aber Gott hat ihr Anteil an der Macht ihres Sohnes übertragen, sodass sie irgendwie an der Allmacht Gottes einen Anteil hat. Das ist gut für die Frauen, eine der ihrigen ganz oben zu haben und für die Männer, ein Idealbild der Frau in ihr lieben zu dürfen. Und alle Menschen dürfen sie als Mutter betrachten und sie übt ihre mütterliche Liebe an allen aus, die es wollen und darum bitten.

Deine große Chance in diesem irdischen Leben ist es nun, jetzt schon Dich auf das Gute und die echte Liebe zu konzentrieren. Dann wirst auch Du hineinpassen in die ewige Freude vollkommenen liebenden Zusammenseins.

17. Das Wichtigste für Dich

Hast Du mal schon darüber nachgedacht, was das Allerwichtigste ist, das Du tun kannst bezw. die größte Haltung, die Du einnehmen kannst??

Es muss so wichtig sein, dass gar nichts noch wichtiger sein kann. Wer dies tut oder verkörpert, ist sehr wichtig.

Nicht nur Erwachsene auch Kinder können dies. Die meisten Menschen lernen dies schon wenn sie zwei oder drei Jahre alt sind. Jetzt weißt Du sicher, was ich meine. Lieben! Oder weißt Du wirklich eine noch wichtigere Tätigkeit oder Einstellung?

Aber warum ist Liebe so wichtig? Ganz einfach. Gott ist durch und durch Liebe. Er ist Liebe in Person. Wenn Du ebenfalls liebst, bist Du Gott ähnlicher. Je mehr Du liebst, umso mehr gleichst Du Gott. Was könnte wichtiger sein? Wir Menschen müssten eigentlich alle von Beruf Liebende sein. Es gibt Berufe, die auf Liebe aufbauen. Denk darüber nach.

Es ist nicht selbstverständlich, dass wir Menschen lieben können. Können Tiere lieben? Höchststehende Tiere können sehr anhänglich sein. Es gibt rührende Geschichten darüber. Aber ist das wirklich Liebe? Hat Dir Deine Katze schon mal ein Geschenk gemacht, vielleicht eine Maus? Oder auf Deine Bitte hin etwas für Dich unter dem Bett hervorgezogen, auch wenn sie sonst noch so sehr Dir schmeichelt?

Ganz sicher ist dies nur bei uns Menschen, dass wir lieben können. Gott hat dies so eingerichtet, weil Er will, dass wir Ihm möglichst ähnlich werden können. Je mehr wir lieben, desto wertvoller sind wir Ihm, weil wir Ihm ähnlicher werden. Ein Kind mit großer Liebe ist wertvoller und wichtiger für Gott als ein Präsident, dem es daran fehlt. Und nun überleg mal, wie wertvoll Du bist. Dieser Wert ist ganz unabhängig vom Geld und Einfluß, vom Können und vom Rang und vom Alter, von Mann oder Frau, Kind, Jugendlicher oder Erwachsener. Allein schon dadurch, dass Du lieben kannst, bist Du sehr wichtig. Noch wichtiger und wertvoller bist Du, wenn Du noch mehr liebst.

Nun kannst Du Dein Hündchen lieben. Das ist schön. Aber einen Menschen zu lieben ist sehr viel schöner. Am größten aber ist, den zu lieben, der uns das Leben gegeben und bisher erhalten hat.

Deine Liebe zu Gott ist die wertvollste Liebe.

Kannst Du sie steigern? Selbstverständlich. Dazu gibt es viele Möglichkeiten. Versuche gleich mal, Dich wieder in die Heiligste Deifaltigkeit hinein zu versetzen. Du wirst von Ihrem Liebesstrom erfasst und entzündet. Vielleicht spürst Du wieder so etwas wie ein Feuer in Dir. Du kannst es verstärken, indem Du zu allen drei Göttlichen Personen eine Riesenliebe mobilisierst. Du kannst es mündlich ausdrücken. Liebe braucht aber keine Worte. Einfach lieben. Wirf Dich mitten hinein in das Meer der Liebe Gottes. Dies kann für Dich zu einer neuen Entdeckung führen. Du spürst vielleicht, wie Du für Gott etwas ganz Besonderes wirst. Liebe weiter, solange es Dir Freude macht. Öffne Dich Jesus vor Dir und bitte: „Gieße doch recht viel von Deiner Liebe in mich hinein, damit ich sie weitergeben kann!"

Hast Du Probleme mit einem Menschen, dann leite diese Dir von Jesus geschenkte Liebe gleich weiter zu dieser Person. Dein Verhältnis wird sich sofort bessern. Ebenso kannst Du diese Liebe auf eine Pflicht lenken, die Dir schwer fällt. Es wird Dich stärken. Liebe ist nicht nur Gefühl, sondern auch Kraft, Energie, etwas von Gott.

Deine Fähigkeit zu lieben macht Dich immer mehr zu einem liebevollen Menschen, mit immer größerem Wert. Du wirst für Gott wie ein ganz kostbarer Edelstein.

18. Die immer gültige Weltordnung

Betrachte die Welt als ein Ganzes. Sie ist ein unglaubliches Gefüge, so vielseitig und weitreichend und kompliziert, dass dies eigentlich überhaupt nicht funktionieren kann und lediglich ein ständig in sich selber wirbelndes Durcheinander sein müsste. Doch die Welt, sogar das ganze Universum, soweit unser Einblick reicht, funktioniert in erstaunlicher Ordnung nach genauen Regeln. Dies ermöglicht unsere ganze menschliche Existenz. Viele Einzelgesetze wirken ineinander wie aufeinander abgestimmt. Wir sprechen von Naturgesetzen. Sie nehmen gewissermaßen aufeinander Rücksicht. Sie ordnen sich auch unter zu umfassenderen Allgemeinen Gesetzen. Davon gibt es nur einige wenige. Darunter fallen auch die Axiome, d.h. jene Gegebenheiten, die uns als selbstverständlich erscheinen, z.B. einmal eins ist eins. Der Himmel ist oben. Ein Mensch ist sich selber gleich. Dies kann man nicht und braucht man auch nicht zu beweisen. Es ist eben selbstverständlich, ein Axiom.

Auch das höchststehende Geschöpf im Universum, das Wesen mit Verstand, Selbsterkenntnis und Gotteserkenntnis, ist in einige Ordnungsgesetze eingebunden. Diese wiederum gipfeln in einem einzigen Gesetz, das alles in Ordnung zusammenhalten kann: Das vernunftbegabte Einzelwesen muss die anderen ebenbürtigen, sowie auch die darunterliegenden lebenden wie auch stofflichen Wesenheiten respektieren. Unterbleibt dies, so zerfallen Ordnung und Existenzmöglichkeiten. Das ganze Weltgeschehen ist wie ein kompliziertes Räderwerk, das gut geölt sein muss, soll es nicht kreischend auseinanderfallen. Dieses Öl lässt die Einzelteile reibungslos aneinander gleiten, hilft, dass ein Teil den anderen sinnvoll fördert, bewegt, zum Eigendasein befähigt. Dieses Öl ist das gegenseitige Verstehen, Bejahen, Fördern. Damit baut jedes Teil sich selber ein in ein harmonisches Bestehen in der Gesamtheit.

Dieses wundersame Öl hat eine Bezeichnung, die schon sehr abgegriffen ist und doch weiterhin und immer eine grundsätzliche und zentrale Gültigkeit hat. Sie heißt Liebe. Nur mit ihr können Welt und das Leben funktionieren. Ohne sie zerfällt alles in gegenseitige Selbstauflösung und Chaos. Dass dies so ist, entspringt der Grundwahrheit, dass die ursprüngliche und ewig beständige Liebe einen personalen Charakter hat. Wir nennen sie Gott. Alle echte Liebe kommt von Gott oder ist in Ihm. Somit ist auch alles, was Er schuf, also Seine Handschrift, auf dem gleichen Gesetz aufgebaut und kann nur so funktionieren. Alles, was funktioniert, hat mit Liebe zu tun. Wo sie fehlt, dringt Zerfall, das Nichts ein. Damit können wir fast alle Erdengeschehnisse und Entwicklungen im Prinzip verstehen und somit auch uns selber.

Nun kann echte Liebe nur da existieren, wo sie gewollt ist. Sonst wäre sie wie ein selbstverständliches starres Axiom, ein kalter Automatismus. Liebe aber ist lebendig, frei, dynamisch, warm. Sie erwächst nicht aus Zwang. Sie ist eins mit dem Willen, der ihr den Lebensraum gibt. So hält die Liebe zusammen, was sonst auseinanderfallen und zerfallen würde. In der Liebe funktioniert das ganze Weltgeschehen und wo sie stirbt, folgen Mord und Totschlag.

Liebe kann aber auch in ihr Gegenteil absinken: Hass. Dieser ist ihr tödliches Gift. Wenn Hass überhand nimmt in der menschlichen Gesellschaft, zerstört sie sich selber. Wie im Großen gilt dies auch im Kleinen. So kann Paulus sagen: Wer seinen Bruder haßt, ist ein Menschenmörder. Das erste Brüderpaar der Bibel bringt dies zum Ausdruck: Kain tötet Abel. Darin steckt eine tiefe Erkenntnis: Die größte Todesgefahr für jeden Menschen. Nicht nur für den Gehassten, auch für den Hassenden selbst. Nährst Du Hass in Dir, arbeitest Du an Deiner Selbstzerstörung. Gibt es ein Gegenmittel gegen Haß oder ein Heilmittel dafür? Ja, natürlich, die Liebe. Wie wirkt sie?

Paulus wiederum beschreibt dies in seinem ersten Brief an die Gemeinde der damals großen Stadt Korinth. In diesem sogenannten Korintherbrief führt er aus: Die Liebe verzeiht alles. Wir können dies erweitern in: Die Liebe heilt alles. Folgerichtig: Der Hass verursacht das Gegenteil. Er zerstört alles. Die Brücke von der Liebe zur Heilung ist das Verzeihen, Vergeben, Vergessen.

Jeder Mensch, auch Du und ich, wird im Leben immer wieder angefochten und aufgebracht über andere. Schnell entwickelt sich Hass, der Wunsch nach Vergeltung, Rache. Dies nimmt uns den inneren Frieden, die eigene Ausgewogenheit, zerfrisst unsere Seele, macht uns unzufrieden und unglücklich. Wir können dies nur vermeiden, wenn wir vergeben können. Mit Vergeben verlieren viele Krankheiten ihre Ursache. Heilung tritt ein. Innerer Friede kehrt zurück, Liebe zieht wieder ein. Der Kreislauf kann erneut beginnen:

Freier Wille – Liebe – Verzeihung – Friede – Heilung.

Alles wird wieder gut in dem Gleichgewicht, durch das die Welt funktionieren kann. Der Schlüssel dazu ist die beständige Bereitschaft zur Vergebung. „Vergib uns unsere Schuld, wie auch wir vergeben unsern Schuldigern." Zieh daraus die Weisheit: Verzeihe, auch wenn es noch so schwer ist, dann verzeiht Gott auch Dir und macht alles wieder gut zu Deinem Vorteil.

19. Stellvertretung

Hast Du bisher in Deinem Leben schon einmal Stellvertretung geleistet? Das kann in kleinen Dingen geschehen. Damit z.B. Deine Mutter Besorgungen machen kann, passt Du mittlerweile auf Deinen kleinen Bruder auf. Oder in größeren Dingen: Ein Schüler wird in einer Klasse mit der Aufsicht beauftragt, weil der Lehrer ans Telefon gerufen wird. Man verbürgt sich damit mit seiner eigenen Person für andere. Damit nimmt man Verantwortung auf sich, um jemand anderem zu helfen. Das kann manchmal unangenehm werden. Es ist schon vorgekommen, dass jemand für einen anderen stellvertretend, sozusagen als Bürge, ins Gefängnis gegangen ist, um einem nahestehenden Gefangenen ein paar Tage Freiheit zu erlangen. Dies hat einst der Kardinal von Kampala mir gegenüber vollbracht. Als ich ungerecht eingesperrt war, ging er zum Präsidenten und hat sich mit seiner Person verbürgt, um mich frei zu bekommen.

Als mich dann der deutsche Botschafter mit seinem gepanzerten Mercedes abholen ließ, um Genaueres zu erfahren, da war der Kardinal überaus erregt und wie erlöst, als ich zu ihm zurückgebracht wurde. Er hatte befürchtet ich würde außer Landes geschmuggelt, und er wäre vor dem Präsident wortbrüchig geworden.

Das alte israelitische Volk hat sogar Tiere mit Stellvertretung belastet. Um Vergebung von Untaten zu erlangen, hat man einem Schafbock die vom ganzen Volk begangenen Sünden in einem besonderen Ritus auferlegt, ihn sozusagen schuldig gemacht für alle und ihn dann in die Wüste gejagt, wo er jämmerlich verdursten und verhungern musste und mit ihm starben auch die Sünden. So glaubte man wenigstens. Daher der heute noch gebrauchte Ausdruck „Sündenbock". Dass sich aber Gott selber zum Sündenbock für Menschen machen lässt, das kann sicher nicht erwartet werden. Und doch ist es geschehen:

Als einst die ganze Menschheit durch Untaten und Götzendienst verdorben war, ließ Gott die Sintflut eintreten, die zur Ausrottung fast aller damaligen Menschen führte. Man hat archäologische Spuren dieser gewaltigen Fluten finden können. Dann aber schwor Jahwe, der Schöpfer, nie wieder so eine Vernichtungsflut von interkontinentalem Ausmaß kommen zu lassen.

Die Menschheit aber verfiel wieder der Verdorbenheit und eine Besserung war nicht abzusehen.

Der Schöpfer aber hielt Wort. Er bestellte einen Stellvertreter für die entartete Menschheit, seinen göttlichen Sohn, Jesus, mit Ihm selber einiger Gott. Der musste dazu selber Mensch werden. Dann nahm er die ganze Flut von Verbrechen, Verdorbenheit, Abfall von Gott und jegliches Böse auf sich und ließ sich dafür bestrafen mit der damals grausamsten Strafe, der Annagelung an Holzbalken bis zum langsamen Sterben. Durch die göttliche Natur Jesu hatte diese Stellvertretung unbegrenzte Wirkung für die ganze Menschheitsschuld. Die ganze angehäufte Schuld wurde abgetragen, zurück bis Adam und auch die der Zukunft, also der heutigen Menschheit, die unsrige eingeschlossen. Sind wir schuldig geworden, so dürfen wir diese Schuld an Jesus abgeben, der sie dann in sein Schuld tilgendes Leiden und Sterben hinein nimmt. Jesus also ist damit unser Stellvertreter in allen unseren bösen Taten. Nur so können wir selber jeglicher Bestrafung entgehen. Es gibt dafür ein eigenes rituelles Verfahren, das „Bußsakrament". Es kann ganz große Erleichterung bringen, besonders vor dem Sterben.

Es gibt jedoch Menschen, die alle religiöse Praxis ablehnen. Sie leben womöglich in Deiner nächsten Umgebung. Vielleicht sind sie sogar Angehörige von Dir oder enge Freunde. Wärst Du bereit, etwas von der Verantwortung zu übernehmen, die sie sehr wahrscheinlich auf sich geladen haben?

Du kannst helfend eingreifen. Wenn Du z.B. beobachtest, dass Dein Freund nie betet, dann kannst Du an seiner Stelle zum erbarmungsvollen Vater beten. Dein Gebet wird Deinem Freund angerechnet, auch wenn er nichts davon weiß.

Vielleicht geht Dein Vater nie zum Gottesdienst. Du kannst stellvertretend für ihn gehen.

Wenn Du einen Menschen kennst, der nie etwas Gutes tut, kannst Du bewusst zusätzlich etwas Gutes tun und Gott für diesen armseligen Menschen übergeben, damit ihm mit Hilfe Gottes eine Besserung möglich wird.

Ja ich kenne sogar Fälle, dass Menschen mit einer tödlichen Erkrankung überlebt haben, weil ein anderer eingesprungen ist und sich als stellvertretendes Opfer angeboten hat, das von Gott dann auch angenommen wurde.

Ein hoffnungsvoller junger afrikanischer Mitbruder ließ sich erschießen, um mir das Leben zu retten. Dies sind heldenhafte Dinge. Ich möchte es Dir nicht anraten.

Was ich Dir aber anraten möchte ist folgendes: Mobilisiere all Deine große Liebeskraft auf Jesus und verharre eine Weile dabei, während Er bei Dir ist. Dann hole im Geiste jene Person herbei, für die Du etwas Gutes tun willst, bringe sie im Geiste zu Jesus, und verbinde sie mit Jesus. Es wird für ihn gelten, als ob ER Jesus geliebt hätte. Jesus verwirft keinen, der liebt, selbst wenn es durch einen Stellvertreter geschieht.

Du kannst auch mit Jesus zusammen das Vater unser beten, wie es die Apostel getan haben.

Noch viele andere Möglichkeiten der Stellvertretung stehen Dir offen. Du kannst damit sehr viel Gutes für andere tun, zum Beispiel

Schmerzen ertragen,

Unrecht erleiden,

auf Rache verzichten,

Jemandem eine Freude machen,

Misserfolge ertragen,

sogar schlechte Laune überwinden,

den Eltern Arbeit abnehmen,

auf Süßigkeiten verzichten,

Schlechte Bücher oder Zeitschriften unbeachtet lassen,

Versuchungen zum Bösen widerstehen,

und vieles andere ist möglich.

Du kannst hierin erfinderisch sein. Es wird letztlich Dir selber zugute kommen.

Nichts von dem, was Du in diesem Sinne tust, geht verloren. Du machst Dich damit Christus ähnlich, und wenn Du selber in Nöte kommst, dann wirst Du ganz besonders das Erbarmen Gottes zu spüren bekommen.

Die schönste und wichtigste Ausübung der Stellvertretung: Überlege mal aus Deiner Erfahrung: Wie viele Menschen lieben wirklich Gott? Alle Menschen erfahren Gottes Liebe in reichem Ausmaß, oft ohne es zu merken und zu danken. Denke Du darüber nach, was Gott Dir schon Liebe erwiesen hat. Dann fasse in Deinem Geiste alle die Menschen zusammen, die Gott nicht lieben, und leiste Stellvertretung für sie, indem Du gleich jetzt all Deine Liebeskraft auf Gott richtest und Ihm sagst: An Stelle all derer, die Dich nicht lieben, will ich Dich umso mehr lieben. Dann liebe Ihn in heiligem Schweigen. Diese Deine Liebe ist für ihn sehr kostbar und er macht sie wirksam.

20. Gebet für den Freund/Freundin

Du willst manchmal für jemanden beten. Wie machen wir das? Wir denken zunächst an das Vater unser. Das Gebet des Herrn ist wohl ganz besonders wertvoll. Können wir mit diesem übernatürlichen Wert gewissermaßen bei Gott einkaufen? Viele Menschen sind davon überzeugt und sicher mit Recht. Aber gibt es nicht einen persönlicheren und direkteren Weg unser Bitten vor Gott zu bringen?

Versuch doch mal dies:

Du willst vielleicht für einen Freund beten. Dann tu Dich mit ihm geistig zusammen. Du holst gewissermaßen seinen Geist zu Dir heran, und dann bringst Du ihn zu Jesus und mit Ihm zusammen zum Vater und dem Heiligen Geist. So wie Du Dich mit dem Dreifaltigen Gott verbinden kannst, so tu es gemeinsam mit Deinem Freund. Du bringst ihn also, ganz eng mit Dir verbunden, hinein ins Heiligste, in den Dreifaltigen Gott hinein. Wiederum sind kaum Worte dafür nötig. Nur Liebe zum Freund und zu der so großen Dreiheit. Du verbindest ihn, Deinen Freund, mit dem Allerhöchsten, im Innersten Seiner Dreipersonalität. Verweile dabei in heiligem Schweigen. Nur die Liebe redet. Es ist die Liebe, die die drei Göttlichen Personen aufs innigste miteinander verbindet, und Dich und Deinen Freund/Freundin dazu.

Diese göttliche Liebe ist ein gewaltiger geistlicher Kraftstrom zwischen den drei göttlichen Personen, eine enorme Energie, aus der auch die ganze Schöpferkraft Gottes und aus ihr das Universum entsprang, und solche göttliche Energie durchströmt nun auch Dich und Deinen Freund, den Du geistig mitgebracht hast. Du tust ihm damit etwas ganz Großes. Seine Nöte, die kennt der Allerhöchste besser als Du, und es ist Seine Liebe, die nun einspringt und hilft. Du wirst froh dabei. Sag Deinem Freund, falls das angebracht ist, dass Du ganz fest bei Gott an ihn gedacht hast. Vielleicht hat er schon was davon gespürt.

Lasse dies nicht bei einmal bewenden. Gerade in schwierigen Situationen ist Wiederholung wichtig. Allmählich aber wirst Du spüren, dass sich bei Deinem Freund oder Deiner Freundin etwas zum Besseren ändert. Es ist einfach großartig, dass wir vor Gott wirkungsvoll füreinander eintreten können. Wir können so gewissermaßen das Leben der geförderten Person betreten und aufräumen helfen, was in Unordnung ist, ohne dabei lästig zu werden.

Versuche dies auch innerhalb Deiner Familie zu tun. In fast jeder Familie gibt es hin und wieder Spannungen. Sie können gefährlich Schaden anrichten. Du kannst aber auf diese Deine Weise den Druck wegnehmen.

Vielleicht solltest Du auch manchmal als Friedenstifter eintreten und durch gute Worte zu vermitteln suchen. Dann bedenke zuerst, dass nicht nur Du, sondern auch die anderen ihre Schutzengel haben, die das Beste wollen und zu helfen bereit sind. Wenn Du zu ihnen allen zusammen betest, erwirkst Du ihnen mehr Kraft, heilend wirksam zu werden.

Auch in privaten Anliegen kannst Du vor einem Gespräch jeweils die Schutzengel zusammen zur Hilfe einladen.

21. Was vor Dir liegt

Sicher hast Du schon von Zeitmaschinen gehört. Es soll sie geben, aber ich habe noch keinen Zugang dazu gefunden. Was mich am meisten daran interessieren würde: Ich wollte einen Blick in die Zukunft bis zu meinem Lebensabschluss finden können. Dies wird jedoch nie möglich sein, weil ich ja einen freien Willen habe, womit ich meine Zukunft weitgehend frei gestalten kann. Noch ist viel offen und nicht viel im Einzelnen festgelegt.

Hätte ich aber vor etwa 60 Jahren gewusst, was mir das Leben bringen wird, hätte mir das wohl nicht viel geholfen, eher Angst eingejagd. Jetzt, da die natürliche „Zeitmaschine" ihr Werk fast ganz getan hat, denke ich mit Freuden an früher zurück und will es nicht anders haben als gewesen.

So darf ich Dir raten, denke mit großem Optimismus in Deine Zukunft. Lass Dir durch Hellseher und Wahrsager nichts verdüstern. Bist Du jung, hast Du mit den etlichen Jahrzehnten noch ein enormes Potential vor Dir. Bist Du aber bereits betagt, wie ich, hast Du noch den wertvollsten Abschnitt Deines Lebens vor Dir, und das macht Dich unglaublich wertvoll und wichtig. Es ist enorm, was Du in der Reife der Jahre noch alles bewirken kannst und wirst. Nimm als Gradmesser nicht die Stars und Großverdiener von heute. Du brauchst kein VIP zu werden. Denke, was Deine wichtigste und schönste Fähigkeit ist: Deine Liebesfähigkeit auf Gott zu richten, und alles darin einzuschließen, was Gott geschaffen hat, alle Menschen und die ganze Natur.

In Deiner Jugend darfst Du noch mit mindestens 6 Jahrzehnten Leben rechnen.

Jetzt nimm Deinen Rechner zur Hand:

Ein Jahrzehnt hat 10 mal 365 Tage, also 3650. Sechs Jahrzehnte demnach 6 mal 3650. Das sind ungefähr 21 900 Tage.

Jeder Tag mit 24 Stunden ergibt 21 900 mal 24 = 525 600 Stunden.

Nun müssen wir natürlich die Schlafstunden abziehen, etwa ein Drittel, dann bleiben noch etwa 350 000 Stunden wachen Lebens.

Und nun überlegen wir: Was können wir in nur einer einzigen Stunde Gutes tun?

Bewusste Verbindung mit Gott, liebevolle Gespräche, praktische Hilfen für andere, Selbstbildung und vieles mehr. Ist dies zusammen genommen nicht ein unglaubliches Potential in Dir?

Eine alte Pfadfinderregel ist: Jeden Tag eine gute Tat. Das ist sicher sehr gut. Aber Du kannst noch viel mehr tun, was vor Gott Wert hat. Jeder Tag bietet Dir weit mehr als eine Möglichkeit.

Dieser Reichtum an Möglichkeiten zum Guten macht dich sehr, sehr wertvoll und wichtig. Jetzt liegt es an Dir, was Du daraus machst. Kommt Dein Leben schließlich an die gottgewollte Erfüllung heran, kannst Du zurückblicken auf ein Riesenwerk an Liebe. Du bist dann ganz groß vor Gott, auch wenn Deine Mitmenschen das meiste gar nicht bemerken. Gott aber sieht das Viele, was Du in Deinem Leben angesammelt hast, und nichts davon geht verloren. Magst Du auch von Deinen Mitmenschen für gering gehalten werden, für unbedeutend, für ganz gewöhnlich, Gott sieht Deine wirklichen Werte und Deine Größe, und Du wirst ein Großer sein im Himmelreich.

Du siehst also Deine ganz große Chance und Deinen damit verbundenen enormen Wert. Nun leg Deine Zeit richtig an, damit daraus Großes wird.

Im Vater unser heißt es „Dein Wille geschehe". Wenn Du diese Bitte in Dein tägliches Leben hinein nimmst, wird es Dir nicht schwer fallen, den jeweiligen Willen Gottes zu erahnen. Der verhilft Dir dann zur bestmöglichen Verwendung Deiner Zeit. Dein Leben wird dadurch schöner, als Du Dir vorstellen kannst.

22. Wo ist Jesus?

Solltest Du mal nach Afrika kommen und Du bekommst Kontakt mit Kindern, die schnell Vertrauen fassen, dann frage mal ein Kind: „Wo ist Jesus?".

Wahrscheinlich wird es dann die Arme über der Brust kreuzen und sagen „Hier!" Der Blick scheint sich dabei nach innen zu richten.

Man kann nur sagen, glücklich sind diese Kinder.

Als ich einmal von einer Missionsstation mit 400 Grundschulinternatskindern nach mehreren Jahren wieder weg versetzt wurde, gab es natürlich Abschiedskummer. Ich musste zu trösten versuchen. Was soll man da sagen?

„Ihr dürft mich nicht mehr lieben als Jesus, und Jesus bleibt bei Euch, immer und Euer ganzes Leben lang." Es schien nicht zu überzeugen.

Aber dann bekam ich über hundert Abschiedsbriefe aus Kinderhand, liebevoll bemalt, und dann stand nicht selten dabei: Fr. John, I love you, but I love Jesus more!" Sie hatten also doch verstanden.

Wiederum, glücklich, solche Kinder!

Diesen Trost aber haben wir alle. Wir brauchen nur ernst zu nehmen, was Jesus sagte: „Ich und der Vater werden kommen und Wohnung in ihm nehmen."

Wohnt Gott wirklich in uns? –

Wenn wir wollen, ja. Jesus hat es versichert, und dieses Wissen wurde durch 2000 Jahre bis auf uns weitergegeben. Da es nur EINEN dreifaltigen Gott gibt, und Er in allen Menschen wohnt, die Ihn einladen, werden in Gott alle eins: Das Reich Gottes auf Erden.

Jeder Bürger dieses größten Reiches hat einen Schlupfwinkel inmitten der Heiligsten Dreifaltigkeit.

Das ist unsagbar schön. Doch das Umgekehrte, Gott in uns, ist ebenso unsagbar groß. Wir müssen Ihn nur einladen. Er wird nie gegen unsern Willen kommen.

Ist dies alles aber auch wirklich wahr? Doch Jesus sagt es klipp und klar bei Johannes 14, 23: „Wenn jemand mich liebt, wird er an meinem Wort festhalten, mein Vater wird ihn lieben, und wir werden zu ihm kommen und bei ihm wohnen." Damit ist gesagt, wir haben die Kapazität, Gott in uns aufzunehmen. Aber ist dies wirklich möglich bei so vielen Millionen Menschen?

Für Gott spielt Raum und Zeit keine Rolle. Gott ist größer als das Universum und kann sich doch klein machen wie eine Hostie. Er ist nur Einer und doch kann er milliardenfach auftreten. Seine Verliebtheit in uns Menschen macht dies möglich. Gott muss uns schon für sehr groß und wichtig halten, dass Er uns als Wohnstätte für Ihn akzeptiert. Normalerweise sind als Wohnung Gottes Kirchen und Kathedralen vorgesehen, aber selbst wir einzelne Menschen stehen bei Gott im gleichen Rang. Wir dürfen deshalb wirklich eine hohe Meinung von uns selber haben.

Dies gilt auch für alle unsere Mitmenschen. Auch sie haben die seelische Größe, Gott aufzunehmen wie Gotteshäuser. Daher können wir Jesus auch verstehen, wenn er sagt: „Was ihr selbst dem Letzten meiner Brüder getan habt, habt ihr mir getan." Natürlich, Gott wohnt ja in ihm. Tun wir einem Menschen ein Leid an oder Unrecht, dann ist damit auch Gott selber in ihm betroffen. Und ebenso, wenn wir einem Menschen Gutes tun, ist damit auch Gott mit dabei. Wir sollten diese Aussage Jesu ganz fest in uns aufnehmen.

Da unser Jesus in uns auch gleichzeitig in vielen anderen Menschen wohnt, sind wir durch Ihn mit allen diesen Menschen verbunden. Darum schreibt Paulus, dass wir alle mit und durch Christus gewissermaßen einen Leib bilden. Dieser Leib Christi ist Sein Reich, das Reich Gottes und heißt "Kirche". Oder umgekehrt: Die Kirche ist der auf Erden in Seinen Menschen lebende Christus, die Er zu einem Leib vereint. Jedes Glied hat dabei den ganzen Christus in sich.

Natürlich folgert aus diesem Wissen, dass wir Jesus in uns anbeten können, dass wir lebende Tabernakel sind, dass wir mit Jesus und dem Vater einfach eins sind, falls wir die Voraussetzungen dazu erfüllen: Jesus lieben und Sein Wort halten.

Es ist doch unglaublich, wie Jesus uns liebt und uns vertraut, dass Er sich selber und den Vater uns anvertraut. Wir können nur mit Maria beten: " Hoch preiset meine Seele den Herrn!"

23. Du bist ein Mensch

Was ist das schon, ein Mensch? Einer unter sieben Milliarden?

Wenn Du diese 30 Wahrheiten unten Dir langsam einprägst, dann wirst Du nicht mehr missmutig sagen: „Wer bin ich schon?!" Du wirst begreifen, dass der Ausdruck 'Mensch` eine Ehrenbezeichnung ist. Sei dankbar, stolz und froh, ein Mensch zu sein, - ein wirklicher Mensch. Auch wenn es Milliarden andere gibt. Die Riesenzahl mindert nicht Deinen individuellen Wert. Und nun verinnerliche:

Du hast Verstand und Vernunft,

einen wunderbar automatisch funktionierenden Körper, der 100 Jahre seinen Dienst tun kann.

Du bist von solcher Würde, dass Dein eventueller Mörder lebenslänglich eingesperrt würde.

Menschen würden um Dich trauern und weinen.

Du kannst Dich ausbilden,

Freundschaften schließen,

Deinen Mitmenschen helfen,

Du kannst gut sein.

Du kannst lieben.

Eine Mutter hat Dich geboren,

ein Vater hat Dir ins Leben verholfen.

Du bist einmalig, niemand anderer ist ganz wie Du.

Du bist ewig.

Gott hat Dich gewollt und zum Leben gebracht.

Gott will Dich auch jetzt und immer.

Gott liebt Dich.

Gott will Deine Freude und Dein Glück und das für ewig.

Du hast einen Engel für Dich.

Gott hat Dir persönlich einen Platz bei sich bestimmt.

Du kannst Gott erkennen.

Du kannst Gott erfreuen.

Du kannst Gott lieben.

Du kannst Gott helfen.

Du kannst Gott erfahren und erleben.

Gott will in Dir wohnen.

Gott erwartet Dich.

Du bist ein Sohn oder eine Tochter von Gott.

Du bist vielleicht sogar getauft und damit von Gott angenommen und geadelt.

Bist Du nicht getauft, kannst Du die mit der Taufe verbundenen geistlichen Schätze ersehnen und wenigstens teilweise von Gott erbitten.

Du kannst nicht mit Gold aufgewogen werden, weil Du mehr wert bist als alles Gold auf der Erde.

Du kannst Dich darüber freuen und Achtung vor Dir selbst haben.

Liebe Dich selbst, dass Du Gott und die Menschen lieben kannst.

Mach das Beste aus Dir und aus Deinem Leben. Beides ist einmalig.

Jetzt gehe diese Aufzählung Deiner Würde noch einmal durch und ersetze das „Du" durch „Ich". Lass es auf Dich wirken.

24. Problem des Reichtums

Viele Menschen sehen ihr Lebensziel in der Vermehrung ihres Besitzes.

Tritt dies in Konkurrenz mit der vom Schöpfer gegebenen Hauptlebensaufgabe, oder überflügelt sie dieselbe sogar, so kann das Leben verfehlt werden, trotz materiellen Erfolgs.

Kann dies auch ein Problem für Dich werden, dann lies die Stellungnahme Jesu zum Reichtum:

Ein junger Mann kommt zu Jesus. Er ist sehr reich, besitzt viele Güter. Er möchte von Jesus wissen, wie er ins Reich Gottes kommen kann. Jesus verweist auf die Gebote. Der Mann hat sie erfüllt, und Jesus bestätigt dies durch seinen liebevollen Blick auf ihn.

Frage zu Nachdenken: Hat dieser junge Mann sein Ziel bereits erreicht? Reicht es für ihn, die Gebote zu halten?

Es reicht. Aber Jesus hat mehr vor mit ihm: Willst du vollkommen sein ...

Frage: Ist vollkommen sein mehr als lediglich die Gebote genau zu halten? Was ist Vollkommenheit?

Jesus erklärt es: Vollkommen ist, wer sich von Vergänglichem löst, um sich mehr Jesus widmen zu können. „Folge mir nach". Der junge Mann wird zum Apostelamt berufen. Frage: Ist so etwas auch heute noch möglich?

Der Reichtum behindert den Reichen, sich Jesus und dem Reich Gottes zu widmen. Also muss alles Überflüssige entsorgt werden. Aber wie?

Jesus möchte Konsequenz: „Verkaufe alles, was du hast. Schenke den Verkaufserlös den Armen ... Dann wirst Du einen Schatz im Himmel haben." Die Armen sind also die Bank Gottes. Er verwaltet die Bankeinlagen als Schatz für den Sparer. Lässt sich das in meinem Leben verwirklichen und kann ich dem trauen? – oder ist ein gefülltes Konto bei der Sparkasse doch eine bessere Sicherheit?

Nach kurzem Nachdenken und enttäuschtem Gesicht wendet sich der Berufene von Jesus ab. Jesus ist traurig, dass der reiche junge Mann ihm nicht vertraut. Er betont, wie schwer es ist, reich zu sein und doch dem Reich Gottes anzugehören und einen Schatz im Himmel anzulegen. Können wir damit feststellen, dass die Reichen in Wirklichkeit die Armen sind und die freiwillig Armen die auf ewig Reichen?

Solange wir auf dem Prüfstand des Lebens stehen, gilt die Regel Jesu: Ihr könnt nicht Gott dienen und dem Mammon, das heißt dem Reichtum. Gott will keine materiellen Götter neben Sich haben. Entweder Gottsuche oder Geldsuche im Leben. Beides verträgt sich nur schwer.

Petrus glaubte Jesus mehr als der reiche junge Mann. So hakt er ein: „Wir haben alles verlassen, um dir nachzufolgen." Jesus bestätigt: „Das Hundertfache sollst du haben und das Ewige Leben." Er spricht von beidem. Hier gilt das Sprichwort: Geteilte Freud ist doppelt Freud'. Es kommt nicht auf den materiellen Reichtum an, sondern auf die Freude. Der Reichtum verspricht zwar Freude, gibt sie aber meist nicht und wenn doch, dann nicht dauerhaft. Das Hergeben bringt Freude schon für dieses Leben. Ein echtes Leben für Gott ist ein Leben der Freude.

Jesus verspricht noch zusätzlich in seiner Antwort auf Petrus:

„Ihr, die ihr alles verlassen habt und mir nachgefolgt seid, werdet auf 12 Thronen sitzen und die 12 Stämme Israels richten." Frage: Was heißt das?

Die Richter im Alten Testament waren die Staatsführer des Volkes Israel. Ihr „Richten" war regieren.

Die Apostel dürfen also mit Christus regieren im Reiche Gottes. Deshalb rufen wir sie auch um Hilfe an und bitten die Heiligen, für uns bei Jesus einzutreten.

Könnte dies auch einmal für uns gelten, dass wir also vom Himmel aus, wenn wir keine Probleme mehr haben, doch noch für andere die Probleme auf Erden regeln können?

Je mehr Du Dich in Deinem Leben mit Jesus verbindest, umso mehr bist Du auch jenseits mit Jesus verbunden und darfst an Seiner Macht teil haben. Es wird Dir eine zusätzliche Freude sein, bei den irdischen Problemen Deiner Lieben auf Erden mitreden zu können.

25. Jesus liebt das Kleine und Geringe

Jesus wählte zu Seiner Ankunft auf die Erde eine arme Mutter und einen schlichten und demütigen Handwerker als Pflegevater.

Er nahm eine extrem ärmliche Geburt auf sich. Dann wurde Er Flüchtling, um dem Tod zu entgehen.

Wieder in Nazareth lebte Er unscheinbar unter der Dorfjugend. Dann, mit 30 Jahren verließ Er das Haus Seiner Eltern und hatte dann keinen „Platz mehr, um Sein Haupt hinzulegen".

Bei einem kurzen Besuch in Nazareth wird er vertrieben und entgeht knapp der Ermordung. Er verbirgt sich zeitweise jenseits des Jordans. Er verfügt über kein Besitztum, kann nicht mal die jährliche Kopfsteuer von zwei Drachmen bezahlen. Er ist für alle Menschen da, besonders für die Armen und Kranken, heilt ohne Geld zu verlangen. Er lehnt es ab, zum König ausgerufen zu werden, trachtet nicht mal nach einem Titel, sondern nennt sich einfach Lehrer (Rabbi).

Als Er in Jerusalem einzieht, reitet Er auf einem Esel, wird verhaftet, verurteilt, gefoltert und durch Kreuzigung zu Tode gequält. Seine sensationelle Auferstehung wird nicht publikumswirksam ausgeschlachtet.

Zu Seiner Nachfolge beruft Er einfache und ungebildete Fischer oder sonst arme Leute, bis auf Matthäus, den Zöllner, der aber auf seinen Reichtum verzichten musste.

Jesus Christus, Sohn des Vaters, mit dem Vater Schöpfer des Weltalls, wurde Mensch, um Gott dem Menschen sichtbar zu machen. Dabei solidarisierte Er sich mit den Armen und Kranken. Der Mensch sollte somit erkennen, dass Gott ihm immer nahe ist und das Beste für ihn will. Durch Seine wunderbaren Taten, meist an Armen und Kranken, bewies Er den Menschen Seine Gottheit.

Damit ist auch sichtbar gemacht, dass Gott für Jeden Zeit hat, auch für Dich – unbeschränkt. Termine unnötig. Er liebt Deine Einfachheit. Deine Armut ist Ihm keinerlei Hindernis. Du brauchst nicht gescheit zu sein. Du kannst Fehler haben, wie sie auch die Jünger hatten. Er wird Dich nie verstoßen, solange Du bei Ihm bleiben willst.

Nur eines will Er von Dir haben: Deine Liebe. Die ist Ihm genauso viel wert wie die Liebe von bedeutenden Menschen, VIPs aller Art, Milliardären und Regierenden. Dadurch, dass Du klein bist, bist Du bei Ihm groß, da Ihm ähnlich in Seinem irdischen Leben. Mach Dir nun durch und durch klar: Du bist Gott wertvoll. Er denkt hoch von Dir. –

Bedenke auch: Unsere Erde ist ein sehr kleiner Planet unter vielen Milliarden im Universum. Aber gerade sie erwählte Er zur Vermählung Gottes mit der Schöpfung.

Du brauchst kein Held sein, kein Künstler, kein Promi, kein Chef, kein Staatsmann. Was Dich allein bei Ihm groß und reich macht, ist Deine Liebe zu Ihm. Die ist tausendmal kostbarer als Gold und Brillanten. Er liebt Deine Kleinheit und mag Dich bescheiden und demütig, um Dich dann im wirklichen Leben groß zu machen. Dann sind die Letzten die Ersten und Du wirst dabei sein.

26. Der Name Gottes

Jeder Mensch hat einen Vornamen. Bei diesem Namen werden wir gerufen, er bedeutet unsere Person und symbolisiert uns. Wir unterschreiben mit ihm. Wir tragen ihn in Bücher ein zum Zeichen des Besitzes. Unser Name ist also etwas sehr Bedeutungsvolles.

Hat auch Gott einen Namen? Das Wort Gott ist kein Name, auch nicht Herr, noch Heiland. Jaweh oder Jehowa beschreibt in hebräischer Sprache nur: Ich bin der immer Seiende. Aber Gott hat uns doch einen göttlichen Namen enthüllt: JESUS. Dies ist ein richtiger Name. Er kommt her von Josua, dem Nachfolger des Moses, der nach dessen Tod am Berg Nebo das israelitische Volk ins Gelobte Land geführt hat.

Maria hörte die Botschaft des Engels Gabriel: „Du wirst einen Sohn gebären, dem sollst du den Namen JESUS geben; denn er wird Sein Volk von Seinen Sünden erlösen. Das Wort JESUS bedeutet eigentlich: Jahwe hilft. Wir können es übersetzen mit Gott hilft oder Gott rettet.

Jesus gibt uns also Seinen Namen als Hilfe. Daß dieser Name wirklich hilft, bezeugen Tausende von Wundern, die im Namen Jesu gewirkt wurden, angefangen von den Aposteln und den frühen Christen bis heute und er wird auch in die Zukunft hinein wirksam sein. Dabei ist dieses Wort keine Zauberformel. Der Name wirkt nur dann, wenn man ihn gläubig und mit Ehrfurcht gebraucht.

„Im Namen Jesu …" etwas erbitten zu können, ist eine zweitausendjährige Erfahrung vieler Menschen. Hast auch Du es schon einmal versucht? Nur hüte Dich vor dem Missbrauch wie z.B. den Ausruf: „Jesses Jesses", wie er unbedacht immer wieder zu hören ist. So kannst du nichts erwarten. Es gehört dazu gläubige Ehrfurcht.

Auf den Namen JESU bist Du getauft, Sohn oder Tochter Gottes geworden. Dies ist ein lebenslanger Segen, der auf Dir ruht. Jesus mag Dich. Er hat Dich „in Seine Hand geschrieben."

Du kannst mit diesem Namen auch segnen, sozusagen den Segen, den Du im Namen Jesu erhältst auch weitergeben: Jesus segne Dich! Mache dann ein Kreuz auf die Stirn des Menschen, wenn Du so segnest. So segnen Eltern ihre Kinder. Du kannst es aber auch still und ganz unbemerkt tun, wenn Dir jemand begegnet, dem Du Gutes tun willst: „Jesus segne diesen Menschen!". „Segne meinen Freund!". „Segne meine Mutter!". Du kannst über Tausende von Kilometern segnen.

Du kannst diesen Namen auch betend aussprechen oder denken. Der Name JESUS ist das kürzeste, schönste und wirkungsvollste Gebet. Im christlichen Osten wurde das „Jesus-Gebet" daraus, ein ständiges, langsames und andächtiges Wiederholen des Wortes JESUS. Es herrscht die Ansicht, dass Jesus selber dort besonders anwesend ist, wo Sein Name ausgedrückt wird. „Wenn zwei oder drei in meinem Namen beisammen sind, bin ich mitten unter ihnen", versprach Jesus.

Wenn jemand Dich bei Deinem Namen nennt, reagierst Du darauf. Wenn Du Jesus bei Seinem Namen nennst, reagiert Er auf Dich. Es ist die schnellste hotline zu Jesus; und wo Jesus ist, ist auch der Vater und der beide göttliche Personen verbindende Heilige Geist. Der Name „Jesus" öffnet Dir den Zugang zum dreifaltigen Gott. Er ist damit Dein Kommunikationssystem zu allem, was mit Gott in Verbindung steht, also auch zu Deinen Verstorbenen Angehörigen oder Freunden.

Damit ist der Name JESUS einzigartig. Es gibt kein anderes Beispiel dafür. Der Name JESUS ist eine starke Kraft, eine gebündelte geistliche Energie, die Dir immer zur Verfügung steht. Gott hat sie Dir gegeben und mir und allen Christen. So sollen wir sie auch nützen. Dieser Name eint die gesamte Christenheit, gleich welcher Konfession.

Lebe dein ganzes Leben im Namen JESU. Es wird gelingen. Du bist am Ende der große Sieger, zusammen mit Jesus, der am Kreuz für Dich gesiegt hat.

27. Jesus sucht Helfer

Dass wir Menschen einen freien Willen haben, gehört wesentlich zu unserm Menschsein. Es unterscheidet uns vom Tier. Daher zwingt Gott den Menschen nicht zu sich, sondern Er lädt ihn nur ein, auf seinem Lebensweg zu Ihm zu kommen. Will der Mensch nicht, lässt Gott ihm seinen freien Willen. Er kann gehen, wie einst der reiche junge Mann Jesus wieder verließ. Lästert ein Mensch Gott und verflucht Ihn, lässt Gott eher zu, dass sich ein Mensch von Ihm auf ewig trennt, als dass Er ihn zwingt. Deshalb zeigt sich Gott den Menschen auf Erden auch nicht von Angesicht; denn dies wäre so überwältigend wunderbar, dass der freie Wille nicht mehr zum Zug käme.

GOTT MUSS SICH VERBORGEN HALTEN, UM DEN FREIEN WILLEN DER MENSCHEN NICHT ZU GEFÄHRDEN.

Nun will aber Gott alle Menschen in Freude und Glück haben. Um ihren freien Willen aber nicht anzutasten, greift Er nur in Ausnahmefällen sichtbar ein.

Die Menschen sollen selber füreinander sorgen und eintreten und einander helfen auf dem Weg zu Gott. Dies geht nur mit gegenseitiger Liebe. Daher ist das Hauptgebot die Liebe.

Den andern wie sich selbst lieben ist die Hauptregel des Christseins und des Menschentums überhaupt, damit nicht Mord und Totschlag überhand nehmen, und möglichst viele Menschen ihr ewiges Ziel und Glück finden.

Jesus wusste als junger Erwachsener genau, was Er wollte. Er wollte, was der Vater wollte: Möglichst alle Menschen zur Vollendung bringen. Dies konnte er aber nicht ohne Helfer angehen. Er fand sie unter den einfachsten Menschen, und sie gingen mit Ihm, dass Er sie ausbilden konnte zu seinen Helfern für die ganze Menschheit.

12 waren genug für Ihn. Er nannte sie Gesandte, Botschafter, also Apostel. Ohne sie hätte Er sein Ziel nicht erreichen können, ohne den freien Willen der Menschen zu verringern.

Das überzeugendste Beispiel, dass Jesus den freien Willen nicht einengte, ist der Verrat eines seiner Apostel. Jesus wusste, was Judas vor hatte, und hätte ihn aufhalten können. Statt dessen bestätigte Jesus den freien Willen des Judas mit den Worten: „Was du tun willst, tue gleich!"

Judas hat sich nun bewusst und mit voller Freiheit gegen seinen Meister gestellt und Ihn dem Tod überliefert. Der freie Wille des Judas wurde von Jesus nicht angetastet, selbst da es Seinen Tod bedeutete.

Die Apostel verstanden allmählich ihre Sendung und traten nach der Himmelfahrt Jesu seine Nachfolge an. Auch sie mussten sich Helfer suchen und ausbilden, und diese wiederum sorgten für Nachfolger.

Petrus, der von Jesus bestimmte Leiter der Apostelschar, suchte sich ebenfalls einen Nachfolger, bevor er starb, und so folgte ein Nachfolger nach dem andern bis zum heutigen Tag.

Jetzt ist die Gemeinschaft der Freunde Jesu, die Kirche, über die ganze Erde ausgebreitet. Aber da Petrus in Rom lebte, so lebt auch der Nachfolger des Petrus, der „Vater", Papa, Papst, dort. Nach dem Willen Jesu ist er sein Vertreter auf Erden für alle Menschen, nicht nur für die Katholiken. Ob er anerkannt oder abgelehnt wird, er ist der verantwortliche Vertreter für alle Menschen vor Gott.

So hat der Papst vor kurzem sogar führende Atheisten zum Weltgebetstreffen für den Frieden nach Assisi eingeladen. Und sie kamen zusammen mit den Oberhäuptern aller wichtigen Religionen.

Gehen wir zurück zu dem Tag, da Jesus begann, Nachfolger zu suchen. Der erste Schritt ist uns überliefert:

Jesus geht an das Ufer des Sees Genesareth, wo sich die Fischer treffen und der große Fischmarkt stattfindet. Dort findet Er viele Menschen, die Ihm lauschen. Ein paar junge Männer aber kümmern sich nicht darum und arbeiten weiter an ihren Kähnen und Netzen. Sie haben keine Zeit für den von diesem Jesus angebotenen Zeitvertreib. Wegen ungünstiger Wetterlage haben sie die ganze Nacht erfolglos sich bemüht. Jetzt bereiten sie sich für die nächste Nacht vor. Untertags ist das Fischen sinnlos, da die Fische die auf dem See brütende Hitze wegen Sauerstoffmangels nicht mögen und in die Tiefe tauchen.

Da geht Jesus, nach Abschluss Seines Lehrens, zum Chef des Fischereivereins von Kapharnaum, genannt Simon, Sohn des Jonas (Johannes), und sagt ihm scheinbar so unsinnig: „Fahre jetzt gleich hinaus ins tiefe Wasser und wirf deine Netze aus." Das auch noch!!

Petrus antwortet, das hat doch alles keinen Zweck! Jesus bleibt ruhig, sagt nichts. Simon erinnert sich an manche Taten Jesu, von denen er gehört hatte, besinnt sich und lädt Jesus ein, mit ins Boot zu kommen und nimmt seinen Bruder Andreas mit. Er sagt: „Jesus, auf Dein Wort hin werfe ich nochmals die Netze aus". Es besteht keinerlei Aussicht auf Erfolg. Er riskiert, von seinen Kollegen ausgelacht zu werden. Trotzdem ist das Ergebnis umwerfend. Simon muss das am Ufer neugierig wartende und ihm befreundete Brüderpaar, Johannes und Jakobus, um Hilfe rufen, um die Riesenbeute zu bergen. Sie bringt beide Boote fast zum Sinken.

Simon ist erschüttert, schockiert. Ein gewaltiges Wunder ist dies in den Augen der Fischer. Und dieser Jesus wirkt es für ihn, extra für ihn, den aufbrausenden und herrschsüchtigen Menschen voller Mängel und Fehler. Aber Simon verdemütigt sich vor Jesus: Du kannst mich Sünder doch nicht so bevorzugen! Bleib lieber weg von mir! Aber Jesus bringt Seine Lehre nun für Simon auf den Punkt: Ich werde dich jetzt Menschen fischen lassen, mit gleichem Erfolg. „Folge mir nach". Alle vier gehen mit Jesus. Ihr Leben verändert sich zu großem bedeutungsvollen Tun. Simon, genannt Petrus, wird ein anderer, der erste Papst.

Die vielen Fische sind vergessen. Die Väter Zebedäus und Johannes können sie verkaufen, sind vorerst versorgt und die Söhne sind damit frei.

Und was will Jesus damit uns lehren? Wenn es uns nichts anginge, wäre dieser Vorgang vor zweitausend Jahren nicht bis auf uns überliefert worden.

Wir ersehen daraus: Unser Leib und Leben sind das Boot unserer Seele. Wie oft sind wir im Sinne unseres vermeintlichen Lebenszweckes erfolglos, wie einst Simon und Andreas die Nacht zuvor. Aber wenn wir wie sie Jesus im Boot haben, d. h. Ihm nachfolgen, können wir nicht erfolglos sein. Hole Du Jesus in Dein Boot! Er will mit Dir in Dein Leben hinausfahren, ins Tiefe. Er will mit Dir fischen. Unser Leben wird im Sinne Jesu erfolgreich mit bleibendem Erfolg. Jesus führt uns Helfer zu, wie Simon sie bekam, die Früchte zu bergen und zu verwandeln.

Aber Jesus braucht dazu unseren Gehorsam. Sein Wille erscheint uns manchmal unsinnig, wie einst Simon Petrus. Wir müssen dann vertrauen wie er:

„Auf Dein Wort hin ...". Wir dürfen Jesus verantwortlich machen, wenn wir Seinen Weisungen folgen. Die lauten: Tu alles mit Mir zusammen. Er bleibt gerne in Deinem Lebensboot. Dann kann nichts schief gehen. Der Erfolg ist Dir sicher. Er besteht nicht aus verderbbaren Fischen, sondern unsterblichen Mitmenschen. Unser Leben ändert sich. Was Jesus zu Petrus damals sagte: „Fürchte Dich nicht", sagt Er nun auch zu Dir. Jesus bleibt in Dir und mit Dir. Der Erfolg wird unvergänglich sein.

28. Was ist ein Sakrament?

Vielleicht bist Du ein Christ, der nicht katholisch ist oder ein Moslem. Auch dann ist es nützlich darum zu wissen, was für einen katholischen Christen eine große Bereicherung ist. In diesem Fall kannst auch Du geistlichen Nutzen daraus ziehen.

Hast Du den Sinn Deines Lebens erkannt und willst ihn erfüllen, dann wirst Du vermutlich viele Schwierigkeiten im Weg finden. Du wirst etwa auch den Eindruck haben, dass Gott von Dir zu viel verlangt oder erwartet. Doch Du darfst sicher sein, dass Er Dich nie überfordert.

Er kennt ja alle Deine Grenzen. Will Er aber mehr als Du Dir zutraust, dann gibt Er Dir auch alle die Möglichkeiten dazu, über Dich selbst hinauszuwachsen. Diese Hilfen nennen wir „Sakramente", das heißt ungefähr: Heilige Geheimnisse; vielleicht könnten wir sie auch nennen: Göttliche Geheimnisse (Mysterien), obwohl sie allen, die wollen, zugänglich sind, aber von nicht allen verstanden werden und deshalb rätselhaft erscheinen oder missdeutet werden. Wenn Du Dich ums Verstehen bemühst, wirst Du jedoch das Meiste begreifen.

Den Rest kannst Du bei einem Priester erfragen.

Entsprechend dem Lebensablauf sind diese Sakramente, sieben an der Zahl, angeboten, wenn die Voraussetzungen erfüllt sind. (Benütze notfalls wieder mein e-mail.)

Es beginnt mit der TAUFE. Sie ist wie eine Geburt. Hast Du von Mutter und Vater Dein leibliches Leben bekommen, so erfüllt Dich die Taufe mit Leben von Gott. Gott wird Dir zum wirklichen Vater, nicht nur als Dein Schöpfer, sondern im Sinne nächster Verwandtschaft. Die Taufe vergöttlicht. Dein ganzes Leben wird durch die Taufe auf Gott ausgerichtet, geweiht, geheiligt. Die Taufe hebt Dich hinaus über alle menschlichen Würden. Sie verleiht Dir den höchstmöglichen Adel, nämlich ein Prinz oder eine Prinzessin des Königs des Universums zu sein.

Allein schon diese Würde macht Dich stark genug, Deinem Leben den von Gott gegebenen Sinn zu verleihen und ihn entsprechend zu erfüllen.

Trotzdem bleibst Du ein fehlerhafter Mensch. Einen fehlerlosen Menschen gibt es nicht, außer Jesus und Seiner Mutter. Daher gab uns Jesus ein weiteres Sakrament. Es ist seelische Medizin, die garantiert alles Verwundete und Verdorbene kuriert. Alles, was Gott in Dir nicht gefällt, wird entfernt, alle Schwäche durch neue Stärke ersetzt. Du bist wieder vor Gott ganz makellos, also restlos versöhnt. Deshalb heißt dieses Geheimnis oder auch Geheimtip Sakrament der VERSÖHNUNG. Die anderen Bezeichnungen wie Beichte oder Busse bezeichnen nur einen Teil, treffen also nicht das gesamte Geschehen.

Dieses Sakrament ermöglicht Dir stets einen Neuanfang, auch wenn Dir Dein bisheriges Leben noch so verkorkst erscheint.

Falls Du den Zugang zu diesem Sakrament noch nicht kennst, gehe zu einem Priester, dem Du vertraust. Er wird Dir die Hand reichen und sich über Dich freuen.

Das nächste Sakrament heißt EUCHARISTIE, das heißt Danksagung. Danken wofür?

Für ein Geschenk. Es kommt von Gott. Gott schenkt keine Nebensächlichkeiten oder Kleinigkeiten. Gott schenkt durch dieses Sakrament das Größte, das Er schenken kann. Nun halte den Atem an: Gott schenkt sich selber. Er schenkt sich Dir. So wichtig bist Du Ihm. Er macht sich dabei so klein wie ein rundes Plättchen, aus Mehl und Wasser gebacken. So kannst Du Ihn in Dich hinein nehmen. - Das geht über unsern Verstand. Es ist geradezu unglaublich. Aber es ist so. Unzählige Wunder haben dies schon bewiesen. Diese göttliche Anwesenheit in Dir macht Dich zu etwas ganz Großem. Du kannst damit alle Schwierigkeiten Deines Lebens überwinden; denn Gott in Dir ist ja allmächtig. Er wird Seine Allmacht zu Deinem Besten einsetzen. Durch die Eucharistie hat Er mit Dir eine Freundschaft geschlossen, die von Seiner Seite aus unzertrennlich ist. Lass Dich darüber von einem Kenner, am besten Priester, weiter unterrichten.

Nun könnte man meinen, dass Du vollständig ausgerüstet bist für ein großartiges Leben.

Doch Du wirst bald merken, dass Du dennoch immer wieder schwach wirst. Wir Menschen sind einfach so. Heute können wir Bäume ausreißen, morgen liegen wir krank im Bett oder möchten unserm Leben gar ein Ende setzen. Auch dafür hat Gott gesorgt. Er gibt deshalb das Sakrament der Stärkung.

Wir nennen es entsprechend FIRMUNG (Stärkung). Dazu ist ein bestimmtes Alter wünschenswert, in der Regel, wenn man aufhört ein Kind zu sein. Dann kann man verstehen, dass man nicht Kraft genug haben kann, um all den Aufgaben des Lebens und den Gefährdungen und Tiefen gewachsen zu sein. In diesem Sakrament, das in der Regel der Bischof spendet, überträgt Er Dir den Geist des göttlichen Vaters und des Sohnes, also den Heiligen Geist. Hast Du in der Taufe das Leben des göttlichen Vaters empfangen und in der Eucharistie oder Kommunion Jesus in Person, so wirst Du nun enger Freund der dritten göttlichen Person, des Heiligen Geistes. Mit Ihm bist Du in Deinem Leben gegen alles Böse gefeit. Du bist nun stark genug, ungeheuer viel Gutes in Deinem Leben zu vollbringen für die Menschen und zur Ehre Gottes, letztlich auch zu Deinem Besten.

Diese vier Sakramente würden nun eigentlich voll ausreichen zur vollkommenen Erfüllung Deines Lebenssinnes. Aber für Dich folgt nun das Berufsleben. Dafür gibt es die Berufsakramente oder Standessakramente. Der Hauptberuf ist in der Regel die Familie, als die Heimstätte neuen Lebens. Sie wird geheiligt und gestärkt durch das Sakrament der EHE.

Dieses Sakrament wirkt nicht nur am Tag der Hochzeit, sondern das ganze Eheleben hindurch. Es ist sehr wichtig für die Kinder, weil sie dadurch von den Eltern auch geistlich geführt und gefördert werden können. Die Eltern werden dadurch für ihre Kinder in gewissem Sinn Priester, d.h. Wegbereiter zu Gott, eine Brücke zum Himmel. Aber dieses Sakrament heiligt nicht nur die Eheleute sondern bereits die von Gott ihnen zugedachten Kinder, also schon vor deren Entstehung.

Demgegenüber aber gibt es den Beruf Jesu. Er hat die Liebe des Vaters zu den Menschen gebracht. Dazu hat Er Helfer berufen. Wir nennen sie Priester. Jeder, der dieses Sakrament der PRIESTERWEIHE empfangen hat, erhielt dadurch die Kraft, für die Menschen wie ein Jesus zu sein, um ihnen ebenfalls die Liebe des Vaters zu bringen. Dies zu tun, übersteigt die Menschlichkeit des Priesters. Deshalb wird er durch dieses Sakrament besonders ausgerüstet zu diesem Vermittlerdienst zwischen Gott und Seinen Menschen. Wenn der Priester die Kräfte dieses Sakramentes entsprechend nützt und anwendet, wird er der Stellvertreter Jesu für die Menschen.

Der größte Augenblick im Leben eines Menschen ist sein letzter bei Bewusstsein. Erst jetzt kann der Mensch völlig klar wahr machen, was er vielleicht schon oft versprochen hat: „Vater, ich schenke mich ganz Dir." Aber damals ging das Leben weiter mit Fehlern und Sünden. Wenn jedoch Gott aus diesem Leben heraus ruft, dann kann das letzte Gebet dieses Menschen sein:

„Ja, Herr, ich komme. Ich schenke mich ganz und gar in Deine Hände." Du kannst dann auch die letzten Worte Jesu am Kreuz wiederholen: „Vater in Deine Hände befehle ich meinen Geist".

Damit ist dieses Leben für immer und ewig gekrönt.

Zuvor mag es verschiedenste Krankheiten geben. Jede davon ist ein Symbol der letzten Krankheit und kann ein Einüben der letzten Hingabe an Gott werden. Dazu gibt es das Sakrament der Kranken oder KRANKENSALBUNG. Früher hieß es „Letzte Ölung". Dies war nicht präzis genug, weil es öfters, in jeder ernsteren Krankheit, empfangen werden kann, bei alten Menschen sogar jederzeit, weil allein schon das Altsein in die Nähe des Rufes Gottes führt. Jeder sollte Vorsorge treffen, dass dieses Sakrament uns vor unserm Hinübergang ins neue Leben gespendet wird, als die Krönung des ganzen Lebens.

Diese sieben Sakrament geben unserm geistlichen Leben ein inneres Gerüst und eine äußere Rüstung. Sie sind ein großartiger Beweis der göttlichen Liebe für alle Menschen. Jedes Sakrament wirkt dadurch, dass Jesus Christus als der am Kreuz Hingeopferte sich mit dem Empfänger vereinigt, um alle Kräfte, Gnaden und Hilfen dem Empfänger, Seinem Freund, zu übermitteln, soweit dieser sie aufnehmen kann und will. So kann im Leben nichts wirklich schief gehen, sondern das Leben wird jenes geistliche Kunstwerk werden, das der Schöpfer jedem Seiner Kinder zugedacht hat.

Bist Du aber nicht katholisch, kannst Du doch Gott, Deinen Vater, bitten, Dir auf besonderem Weg all das mit ins Leben zu geben, das Er in den Sakramenten am liebsten allen Menschen schenken möchte; denn es sind ja ALLE Menschen, die Er ewig bei sich glücklich machen will, - auch Dich. Du würdest Ihm fehlen. Doch Du gehörst mit dazu.

29. Kreuzigung Jesu

Stell Dir mal vor, Du wärst ein Missionar und bringst zum erstenmal einem neu entdeckten Urwaldvolk die Nachricht von der Erlösungstat Christi: Was würden sie denken über einen an Holzbalken angenagelten und aufgehängten Gott? Wäre dies nicht ein Skandal für sie? Paulus ging es tatsächlich so. Daher sprach er von der „Torheit des Kreuzes". Wir aber müssen wieder unsere Denkfähigkeit einsetzen:

Gott hat die Welt geschaffen und die Menschen dazu und ihnen die Welt übergeben. Aber die Menschen haben es Gott nicht gedankt, sondern sich völlig daneben benommen. Da ist Gott selber Mensch geworden, um zu zeigen, wie man richtig leben soll. Er hat deshalb nur Gutes getan und allen Armen und Kranken geholfen. Die Menschen aber haben sich wiederum dagegen aufgelehnt und diesen Gottmenschen einfach umgebracht und dies noch auf die schauerlichste Weise. Und Er, obwohl allmächtig, hat sich ganz ohne Gegenwehr umbringen lassen. Er machte sich dann wieder lebendig und hat die Menschen nicht nur nicht vernichtet und nicht einmal gestraft, sondern ihnen dafür sogar noch Seinen Himmelspalast geöffnet, damit sie bei Ihm immer zuhause sein können.

Wie würden die einfachen, unwissenden Menschen reagieren? Würden sie nicht nur verständnislos den Kopf schütteln?

Und wie denkst Du selber darüber: Gott wird Mensch, um die Menschen glücklich zu machen, und die Menschen bringen Ihn dafür einfach um. Ist das nicht heller Wahnsinn? Ja, es ist der größte Wahnsinn, der je geschehen ist. Und was hat Gott daraus gemacht? Die größtmögliche Liebestat! Denken wir zusammen weiter darüber nach und gehen ins Einzelne:

Die ersten Menschen versuchten einen himmlischen Staatsstreich. Sie wollten selber Gott sein. Hochverrat! Gott kündigte schon vorher die Todesstrafe dafür an und hat sie nun verhängt, wenn auch erst mit späterer leiblicher Wirkung. Mit sofortiger Wirkung aber trat der schlimmere Tod ein, das Ersterben des göttlichen Lebens in ihren Seelen. Sie haben sich durch ihre Auflehnung gegen Gott, ihren Putschversuch, Gottes entledigt. Gott zog sich aus ihren Seelen zurück. Die Menschen gehörten damit nicht mehr dem himmlischen Hofstaat an und waren wie „kastenlose Paris" geworden, Wesen mit einer toten Seele, fast Tiere. Dieser seelische Tod ist eigentlich nicht Strafe, sondern selbst verursacht, sozusagen ein seelischer Selbstmord.

Gott aber wollte zu gegebener Zeit die Nachgeborenen wieder rehabilitieren, „erlösen", und das sogar rückwirkend bis zum Menschheitsbeginn. Dazu hat Er den Weg gewählt, den Menschen die Todesstrafe abzunehmen, dadurch, dass Er sie selber leiblich und seelisch („Mein Gott, wie hast Du mich verlassen") übernimmt und total an sich vollziehen lässt, als ob Er die erste Sünde selber begangen hätte. Der Mensch ist somit vom seelischen Tod entlastet und der leibliche Tod, zwar noch verblieben, ist jedoch zur Quelle des wiederhergestellten paradiesischen Lebens (Himmel) geworden, nämlich zur Geburt in das ewig vollendete Leben. Der Tod kann das Leben nicht mehr nehmen, sondern muss es geben: „Tod, wo ist Dein Sieg?" Somit gilt der Satz: CHRISTUS IST FÜR ALLE MENSCHEN GESTORBEN, „damit sie das Leben haben und es in Fülle haben". So war es der Wille des Vaters, nicht im Sinne einer Satisfaktion, sondern einer Restitution.

Einzige Bedingung an den Menschen: Er muss diese Restitution annehmen, freiwillig wollen. Er muss damit einverstanden sein, dass die schwere Schuld, die seine Seele tötete, ihm abgenommen wird. Er muss für Gottes Aktivität bereit sein, sozusagen durch Taufe unterschreiben (bei Kindertaufe unterschreibt der Pate). Niemand kann dazu gezwungen werden. Diese Freiwilligkeit wird ermöglicht und geschieht durch den GLAUBEN; denn volles vorzeitiges Sehen der übernatürlichen Wirklichkeiten würde die Freiwilligkeit verdrängen durch Überzeugungszwang. Daher sind unsere Augen vor dem Übernatürlichen „gehalten".

Lehnt nun der Mensch freiwillig Gott und damit das göttliche Leben in Ihm ab, wird sein leiblicher Tod zum ewigen Tod, ein ewiges Existieren ohne Gott, der das Leben und der Ursprung allen Lebens ist. Dieser Zustand eines ewig ausgedehnten Existierens ohne Teilhabe am Leben Gottes, ist eigentlich ein Nichtleben, ein ewig existierendes Sterben oder, wie Jesus es nennt: EWIGER TOD. Wir nennen es Hölle. Der betreffende Mensch trägt die einzige Verantwortung dafür. Deshalb ist die Existenz der Hölle eine logische Folge der menschlichen Entscheidungsfreiheit und nicht ein Widerspruch zur göttlichen Barmherzigkeit und Liebe. Der Mensch in der Hölle hat diese Situation in freier Entscheidung herbei geführt, also bewusst gewollt. Der Mensch aber, der nach einem völlig gottlosen Leben noch im allerletzten Augenblick sich Gott zuwendet, d.h. die göttliche Amnestie

(Erlösung) akzeptiert und bejaht, empfängt sofort göttliches Leben und ist für ewig gerettet.

All dies hat Gott durch Seine Menschwerdung und Seinen Tod am Kreuz bewirkt.

30. Der Tod

Du bist vielleicht noch jung oder glaubst wenigstens noch viele Jahre vor Dir zu haben.

Doch hast Du Dir auch schon Gedanken über Deinen Tod gemacht, der einmal eintreten wird? Viele junge Menschen befassen sich immer wieder damit. Aber sie reden nicht gerne darüber.

Warum eigentlich? Vielleicht, weil wir nichts Sicheres darüber zu wissen glauben. Steht der Tod in unserer Vorstellung vor uns nicht wie ein schwarzer Vorhang, der uns den Blick auf das Dahinter verweigert?

Und haben wir nicht Angst vor dem Tod?

Es ist wohl gut, wenn wir hier dieses Geheimnis aufgreifen.

Da ist zunächst die Grundfrage: Ist der Tod das endgültige Ende, oder geht es weiter?

Noch vor wenigen Jahrzehnten galt es als unwissenschaftlich, an ein Fortleben danach zu glauben. Mittlerweile aber hat sich das Blatt gewendet.

Immer mehr Menschen sind von einem Fortleben überzeugt, auch unabhängig von Religion. Es gibt meterweise ernst zu nehmende Literatur darüber. Es genügt schon das Internet, um zu forschen.

Nun mache ich Dir einen Vorschlag:

Nimm irgend ein Heft oder auch Schreibpapier und wende die erste Seite. Dann hast Du eine linke und rechte Papierfläche vor Dir.

Links schreibst Du oben eine Überschrift: Alles aus. Rechts: Fortleben.

Auf die linke Seite schreibst Du alles, was Dir an Einfällen kommt, wenn der Tod Dich auslöschen sollte. Auf der rechten Seite sammelst Du alles, was ein Weiterleben für Dich bedeuten würde oder auch dafür spricht.

Das kannst Du nicht auf einmal vollziehen. Es ist ein Vorgang über mehrere Tage, wenn nicht Wochen. Immer mehr und neue Gedanken kommen dazu.

Im Grund steht Dein ganzes Leben zur Debatte. Es werden sich zwischen links und rechts bald Gegensätze herausbilden, wie zum Beispiel:

Links	Rechts:
Leben aufs höchste genießen.	*Konstruktives Leben*
Leben als Selbstzweck	*Soziale Einbindung*
Materialistische Orientierung	*Betonung des Geistigen*
Egoistische Ausrichtung	*Ethische Prägung*

Dies lässt sich alles noch im Einzelnen ausführen und auf alle Lebensbereiche ausweiten. Auch die gegenwärtige Situation kann unter diesen Aspekten eingeordnet werden.

Es tritt schnell zutage, dass sich zwei voneinander sehr verschiedene Lebensbetrachtungen herausstellen.

Wird dazu noch die Sinnhaftigkeit des Lebens hinterfragt, ergeben sich große Kontraste.

Zurück zum Aspekt Tod gipfeln die Gegensätze:

Tod ist Katastrophe, Untergang	*Tod ist Übergang und Ziel*
Völliges Erlöschen.	*Eintritt in eine neue Dimension ohne weiteren Tod*

Gehst Du von einem Fortleben aus, wirst Du Dein Leben als eine Kostbarkeit verantwortungsvoll sehen und zu führen suchen. Du hast auf Deine Weise, je nach Glaubensüberzeugung, die neue Dimension vorbereitet. Du kannst Dich sogar auf das neue Leben freuen; denn ein neues Leben kann für den, der es schätzt, nur Fortschritt bedeuten.

Bist Du vom Erlöschen überzeugt, hast Du vor Dir und Deiner Familie letztlich nur das Nichts.

Wo liegt aber die Wahrheit?

Kann es sein, dass Gott Dich ins Leben geholt hat, um Dich wieder zum Nichts zu machen?

Sind die vielen Tausende von Erlebnisberichten und Büchern, die übers Jenseits handeln und oft gut beglaubigt und bezeugt sind, nur Täuschung?

Fragst Du mich, was ich von alldem halte:

Mein Schöpfer ist ein liebender Vater. Wenn er ruft, folge ich in Freude.

Mein Tod wird Fortschritt sein.

Lebt die plumpe Raupe, nachdem sie sich eingepuppt hat, nicht weiter als ein durch die Luft segelnder Schmetterling?

Aber die meisten Raupen glauben nicht an den Schmetterling, sagt ein boshaftes Sprichwort.

Ich jedenfalls lebe voll vertrauender Erwartung.

31. Der Weg zum Glück

Nur Erwachsene können das Folgende verstehen, oder auch Jüngere? Versuche es.

Jeder Mensch, ob jung oder alt, trachtet nach Freude und Glück. Du doch auch?

Es gibt einen Weg dazu hin und eine Straße davon weg. Das Seltsame ist dabei: Je mehr Du Dich nach Glück bemühst und Dir Freude verschaffen willst, umso mehr scheinst Du enttäuscht zu werden. Glück und Freude, wie Du sie kennst, sind oft wie schöne Schmetterlinge auf einer Blume. Du näherst Dich – und weg sind sie.

Nun scheint Glück und Freude mit Geld und Reichtum verknüpft zu sein. Darum sehen so viele Menschen ihr Lebensziel im materiellen Erwerb. Du hast doch auch schon davon geträumt, im Lotto eine Million zu gewinnen? Dies scheint die Erfüllung vieler Wünsche und Träume nach Glück und Freude zu sein.

Nehmen wir an, Du bist so ein Glückspilz. Die Million ist auf Deinem Konto. Natürlich schwimmst Du im Glück. Aber wie lange? Nur so lange, bis Du Dich daran gewöhnt hast. Dann ist alles wieder wie zuvor. Die Gewöhnung nivelliert die Freude. Du brauchst nun mehr, um wieder Freude zu erleben.

Und wieder hast Du Glück und wieder ist dieser Rausch bald vorbei. Und es wird sogar schwerer als vorher, wieder zu Freude zu gelangen. So würde es auch weiter gehen auf dem Weg zum Erfolg.

Freude und Glück, – und wieder ist dieser Rausch bald vorbei. Und es wird noch schwerer als vorher, wieder zu Freude zu gelangen. Freude und Glück nehmen dabei eher ab als zu. Es ist wie ein Abnützungsprozeß, wunderbar dargestellt im Märchen vom ‚Fischer und seiner Frau'. Darum gibt es auch unter den Wohlhabenden soviel Unglückliche. Das ist der Grund, warum Reiche meist immer noch mehr haben wollen und trotz Erfolgs doch nicht glücklich sind. Hoffentlich zählst Du nicht dazu. Es ist daher auch sinnlos, sehr Vermögende zu beneiden.

Warum eigentlich?

Glück und Freude kommen nicht von außen nach innen. Nicht Geld von außen macht auf die Dauer froh. „Geld macht nicht glücklich", sagt ein Sprichwort. Die Quelle zur Freude liegt innerhalb von Dir. Echte Freude kommt von innen. Aber wie kommt sie da hinein? Oder wie entsteht sie darin?

Jetzt musst Du mit mir klar denken: Welt und Universum und du selber sind so ganz unglaublich kompliziert und sinnvoll funktionell, dass nur ein unvorstellbares großes, mächtiges und weises Wesen dem allem zugrunde liegen kann. Je tiefer man in diese sogenannte Schöpfung eindringt, desto mehr wird man sich bewusst, dass dieses Schöpferwesen eine Motivation zu all diesem Gewordenen gehabt haben muss, sonst läge ja kein Sinn dahinter. Dies würde aber der Sinnhaftigkeit aller tausender von Naturgesetzen widersprechen. Und was ist diese Motivation des Schöpfers? Etwa Besitz, Macht, Zeitvertreib? Nein. All dies steht ihm ohnedies schon grenzenlos zur Verfügung. Der einzige Beweggrund und Antrieb zu diesem gewaltigen Werk kann nur ebenfalls eine Bewegung vom Innern dieses Urwesens nach außen sein. Es spiegelt sozusagen sein Inneres nach außen, um von dort her das Höchstmögliche an sich selber zu verwirklichen, nämlich erkannt und aufs Höchste erachtet zu werden, also einfach ausgedrückt, um geliebt zu werden. Diese Liebe und die damit verbundene vollkommene Freude des höchsten Wesens macht erst existent, was wir Schöpfung nennen; denn die zur Austeilung drängende vollkommene Liebe hat ihm die Schöpfung wünschenswert gemacht. Die Schöpfung ist aus der Liebe Gottes geworden und er will sie mit all denen teilen, die er in diese Schöpfung als Ebenbilder hineingeboren hat. Daher ist alles, auch Du selbst, aus dieser Ur-Liebe geworden. Du bist ein Teil dieser All-Liebe, aber selbständig geworden zur eigenen Person und doch, wie wir es ausdrücken können, aus Gott hervorgebracht worden.

Wo echte Liebe ist, da ist auch ihre Schwester, die Freude. Liebe ist immer mit Freude verbunden und Freude ohne Liebe ist nur ein leerer Rausch, der rasch vergeht und Katzenjammer hinterlässt. Die echteste Liebe, die Gott selber ist, ist auch die beständigste Freude. Du bist also, der Motivation Gottes entsprechend, aus Liebe und Freude gemacht.

Aber dadurch, dass Du selbständige Person geworden bist, bist Du auch trennbar geworden von Deiner Ursubstanz, der Liebe und Freude Gottes. Daraus entspringt alles Elend, aller Jammer, alles Leiden in der Welt. Man nennt dies in der Theologie wenig glücklich „Erbsünde" und deren „Folgesünden."

Nun überlege Dir mal und überprüfe, wie weit vielleicht auch Du diesen Abstand von Deinem Schöpfer genommen hast. Das kann ganz von selber kommen durch Inaktivität oder fehlendes Interesse.

Dies lässt sich aber überwinden. Dazu brauchst Du gar nicht viel Zeit oder sonstigen Aufwand, nur ein ruhiges Eckchen. Setz Dich oder leg Dich entspannt hin. Schalte nach außen völlig ab. Und nun stelle Dir vor: Ich mache mein Inneres, mein Ich, ganz weit auf. In Dir befindet sich ja eine ganze Welt. Und die hast Du nun voll wissend aufgetan. Lade ihn, der Dich und Dein großes Inneres verursacht hat, ein, in Dir gegenwärtig zu werden, Dich ganz auszufüllen. Dazu brauchst Du Ehrfurcht und – Liebe. Lass diese Deine kleine Liebe mit der großen Liebe, die Gott selber ist, verschmelzen. Bleibe etliche Augenblicke in dieser mit Gott verbundenen Situation. (Gebet der Stille). Lass Dich durch nichts dabei ablenken. Werde eins mit dem, der Dich jetzt liebend umfängt. Dann nimm ihn mit Dir zusammen wieder in Dein normales Leben hinein. Dies kannst Du oft wiederholen. Es tut Dir ungemein gut. Tu es wenigstens einmal jeden Tag, oder auch öfter, sooft es Dir Freude macht. Und nun haben wir den Zielpunkt dieses Kapitels erreicht:

Gott ist dadurch, dass er ganz Liebe ist, auch überfließende Freude, und etwas von dieser Freude fließt auch über auf Dein Inneres und in Dein Bewusstsein. Es ist eine andere Art von Freude, als die von außen mögliche, weil sie nicht an Materielles gebunden ist. Sie ist viel schöner. Du kannst sie so richtig genießen.

Allmählich wirst Du zunehmend spüren, dass diese Freude auch mit Liebe zu tun hat. In Dir wächst Liebe. Damit wächst auch Deine Ähnlichkeit mit Deinem Urheber, den Du Vater nennen darfst. Und wie der Vater alles, was er nicht selber ist, hat werden lassen, also geschaffen hat, um Liebe und Freude zu schenken, so wirst Du auch irgendein Gefühl aufkommen spüren, dass Du Deine wachsende Liebe wie Gott teilen solltest mit anderen, die sie vielleicht noch nicht so haben. Und damit gibst Du auch von Deiner inneren Freude weiter. Deswegen wird sie nicht kleiner in Dir, sondern größer. Du hast sicher schon den wahren Spruch gehört: 'Geteilte Freud ist doppelt Freud'. Du wirst viel zu teilen haben, wenn Du Dir bewusst wirst, dass schon ein kurzer freundlicher Blick, ein wertschätzendes Lächeln, ein schönes Geschenk sein kann. Dies alles öffnet Dir eine große Perspektive. Die Menschen werden sich Dir öffnen, weil sie Dich in Deiner Ausstrahlung, die Du unwissend gibst, wohl fühlen.

Du hast den Weg zum Glück gefunden. Glück, Freude und Liebe Gottes werden Dein ganzes weiteres Leben vergolden und damit wirst Du auch stetig andere beschenken und so wieder umso glücklicher sein.

32. Im Jenseits

Einmal geht Dein Leben auf Erden zwangsläufig zu Ende, manchmal viel zu früh. Sicher hast Du schon oft darüber nachgedacht. Manche Menschen verdrängen diese Wirklichkeit, weil sie zu unangenehm ist.

Muss es bei Dir auch so sein?

Spürst Du nicht selber, dass Du Deinen Tod überleben wirst? Schon nach dem physikalischen Satz der Erhaltung der Energie ergibt sich dies. Du bist eine Menge Energie. Sie kann nicht vergehen, aber umgewandelt werden.

Du wirst also weiterleben, aber nicht mehr in materieller Energie. Sie wird mit dem Sterben Deiner jetzt schon vorhandenen geistigen Energie zugeordnet. Dein Ich bleibt erhalten, mit Wille, Gefühl, Denken und Gedächtnis. Aber WIE geht es weiter?

Gott, Dein Vater, der Dich so wunderbar erschaffen hat, will nicht eine Verschlechterung Deiner Situation. Im Gegenteil, Er will Deine Existenz ins Vollkommene verbessern. Du wirst begeistert sein.

Lass Dich nicht irre machen von der Behauptung, es sei noch niemand zurück gekommen. Das ist vielfach widerlegt und schon oft geschehen zu allen Zeiten, gerade auch in der Gegenwart. Das größte Beispiel dafür ist aber Jesus selber. Seine Auferstehung ist bestens bezeugt. Seine häufigen Erscheinungen belegen dies auch heute noch. So bist Du am besten beraten, wenn Du Dich an Seine Aussagen hältst und nicht an menschliche Philosophien und Vermutungen.

Nach Jesu Beschreibung und nach Aussage vieler darüber Erfahrener, hast Du drüben eine jetzt unvorstellbar schöne Zukunft. Aber Du musst wollen! Gott will bei sich drüben nur Freiwillige. Spätestens wenn Du einmal spürst, dass Du hinüberwechseln sollst, dann vergewissere Dich, dass Du mit Jesus in Freundschaft stehst. Dann wirst Du von diesem allmächtigen Freund erwartet und empfangen. Dann ist alles gewonnen für immer. Dein bisheriges Leben siehst Du dann nur als ein kurzes Vorspiel zu Deiner eigentlichen Existenz.

Aber, was ist, wenn Du noch Schuld auf Dir lasten haben solltest? Dann gehört es dringend zu Deinen Abreisevorbereitungen, dass Du bereust, Jesus um Verzeihung bittest und, soweit möglich, alles noch gutmachst, was in mitmenschlichen Beziehungen noch ungeordnet ist.

Was dann noch an geistlichen Schulden, Sünden genannt, übrig sein sollte, und durch Versäumnis des ‚Sakraments der Versöhnung' mit hinüber genommen wird, kannst Du drüben abbüßen. Aber, bitte, verlass Dich nicht darauf. Es gibt überwältigend viele Zeugen, die versichern, dass das Abbüßen, Fegfeuer genannt, keine leichte und schnelle Sache ist. Doch auch dieser Reinigungsort hat nur einen Ausgang: Er führt unfehlbar in die unvorstellbare Freude und Herrlichkeit, die Dir bereitet ist, je nach dem Maß Deiner Liebe zuvor.

Nun respektiert Gott den freien Willen auch nach dem Hinübergang. Wer nicht zu Gott will, oder Gott sein Leben lang geleugnet oder verachtet hat, muss nicht zu Ihm gehen. Er kann nach eigenem Willen fern von Gott bleiben. Im Vergleich zur Schönheit des Lebens bei Gott, wird der gegenteilige Ort als schauderhaft beschrieben. Man nennt ihn „Hölle". Jesus selber nennt ihn Unterwelt. Wie bei Gott, so sind auch in der Hölle nur Freiwillige, die ohne Gott verweilen wollen, wie im Leben.

Nun hast Du sicher auch schon etwas von einem göttlichen Gericht gehört. Es gibt viel ernstzunehmende Erfahrungsberichte darüber in der Literatur.

Sie decken sich nicht in allem. Aber eines wird fast immer festgestellt:

Wenn wir drüben sind, sehen wir wie in einem Film das Bild unseres ganzen Lebens. Da es drüben keine Zeit mehr gibt, wird unser ganzes Leben in einem Draufblick gesehen, mit allem Guten und allem Bösen. Dann werden wir selber beurteilen, wohin wir gehören: Reinigung, oder direkt zu Gott oder in die Gottesferne, wenn wir uns im Leben zu Gottesfeinden entwickelt haben und dabei folglich bleiben wollen.

Diesen Vorgang der Selbsterkenntnis und der Selbstbeurteilung nennen wir das persönliche Gericht. Niemand kann sich ungerecht behandelt fühlen.

Jesus spricht aber vom Jüngsten Tag, dem Tag Seiner Wiederkunft, an dem sich öffentlich alle wie einst Jesus wiedererstandenen Menschen einreihen in zwei Gruppen, je nachdem wohin sie gehören, Gottesreich oder Gottesferne. Man nennt dies das Allgemeine Gericht. Dabei wird öffentlich alle Ungerechtigkeit aufgezeigt und durch Gott wieder gutgemacht und geheilt.

Der Reinigungsort hat dann seinen Sinn verloren. Es gibt dann nur noch die Herrlichkeit mit Gott oder das Existieren in der Gottesferne.

Vielleicht hast Du auch schon etwas über eine Reinkarnation gehört, also dass der Mensch nach Lebensablauf zu einem weiteren Leben wieder geboren wird. Wenn Du diesen Glauben übernimmst, musst Du wichtige Wahrheiten aus dem Evangelium aufgeben. Lass Dich besser vom Apostel Paulus beraten, der hinübersehen durfte. Er vergleicht unser Leben mit einem Rennen im Stadion und sagt: Laufe so, dass Du Sieger sein kannst. Bemühe Dich in der Annahme, dass dieses Leben Dein einziges ist. Was Du (Gutes) gesät hast, wirst Du dann ernten, sagt wiederum Paulus. Und Jesus ergänzt: Hundertfach.

Den Rest überlassen wir dann Gott, der alles in Seinen guten Händen hält und das Beste für uns will, wenn wir nur wollen. Willst Du nicht auch?

33. Probleme

Du hast sicher auch manchmal Probleme, die Dich nicht nur drücken, sondern fast zur Verzweiflung treiben. Dann bist Du entweder frustriert, deprimiert, oder innerlich aufgebracht und wütend. Das geht jedem Menschen manchmal so. Auch Jesus hatte dieses Problem; denn Er kam manchmal mit Seinen immer wieder rückfälligen Jüngern nicht voran. Er litt ebenfalls darunter, war Er doch trotz Seiner Gottheit ein wirklicher Mensch. Er klagte einst direkt zu Seinen Jüngern hin: „Habt ihr immer noch nicht begriffen? Wie lange noch muss ich bei euch bleiben?!" Das hat die Jünger sicher sehr betroffen gemacht, aber ihnen wohl nur wenig geholfen. Was hilft es Dir, wenn Du direkt geschimpft wirst?

Jesus tat aber mehr. Z.B. sandte er die Jünger allein im Schiff über den See nach Kapharnaum und Er stieg auf den nächsten Berg und betete. Erst bei tiefer Nacht kam Er dann auf dem Wasser gehend auf das Boot der Jünger zu, stieg ein zu ihnen, und alles war wieder gut.

Noch deutlicher ist das Beispiel Jesu, als Judas beim Abendmahl sich entfernte, um Ihn bei Seinen Todfeinden zu verraten. Jesus sah dies natürlich und sah auch Sein ganzes Leiden voraus. Er hat es ja wiederholt Seinen Jüngern angekündigt. Nun ging Er mit ihnen zusammen zu einem einsamen Ort, dem Privatgarten eines Freundes, Gethsemani, einer großen Ölbaumplantage. Er sagte Seinen Jüngern, dass Er beten wolle und ging ein Stück weg, um allein zu sein. Nun nahm Er den ganzen Frust auf sich, die Vergangenheit und vor allem die nächste Zukunft. In 24 Stunden würde Er ja bereits nach unvorstellbaren Torturen und Qualen begraben sein. Der psychische Druck auf Ihm trieb Ihm Schweiß aus den Poren und da war auch Blut dabei, was man auch bei Menschen in allergrößter Not beobachten kann, wenn sich in Todesangst die Poren zu weit öffnen. Er verband sich betend ganz mit dem Vater. Der Vater antwortete nicht, schickte aber einen Engel zu Ihm, um ihn zu stärken. So konnte Jesus dem anrückenden Verhaftungskommando gefasst entgegengehen. Bis zu Seinem qualvollen Tod zeigte Er keine psychische Schwäche mehr, bis Er sagen konnte: „Es ist vollbracht!" – und starb.

Wenn Du einmal ganz unten bist, wirst Du Dich auch zunächst von Gott allein gelassen fühlen.

Doch mach es wie Jesus, zieh Dich zurück und verbinde Dich mit dem Vater. Du darfst IHM Deine Not klagen. Erwarte keine Linderung der Not, weil sie wohl ihren großen Sinn für Dich oder andere hat, wie bei Jesus. Aber meinst Du nicht, dass der Vater auch Dir einen Engel schicken wird, und Du Dich plötzlich wieder stark und mutig fühlst, Dein Problem anzugehen und zu lösen? Du hast nie einen Grund zu verzweifeln, wenn Du es nicht so machst wie Judas. Der wandte sich nicht an Gott und gab der Verzweiflung nach. Du weißt, wie er, obwohl einer der Apostel, endete. Mit der Stärkung des Vaters wirst Du, auch wenn es weh tut, Sieger sein.

Ohne Probleme zu bewältigen, können wir aber nicht Sieger sein. Wir brauchen die von Gott zugelassenen Probleme, um siegen zu lernen. Nimm sie an und kämpfe, mit der Hilfe des Vaters. So machst Du Deine Probleme zu Gold im kommenden wirklichen Leben.

Dann kommst Du vom Wirrsal irdischer Probleme ins Licht, in dem nur Gerechtigkeit und Friede herrschen. „Und alles wird unendlich lebendiger und herrlicher sein, als es sich der kühnste Glaube vorzustellen vermag" (Eugen Mederlet).

34. Auferstehung der Toten

Du hast sicher schon über die Auferstehung aller Toten gehört. Diese Aussage stellt uns vor schwere Denkprobleme. Wie können wir uns das vorstellen? Da helfen keine hellseherischen Prophezeiungen noch esoterische Vorstellungen. Die einzigen zuverlässigen Informationen darüber kommen von Jesus bei Matthäus 25. Kap. Und von dem Evangelisten Johannes am Schluss seiner Apokalypse 20. Kap. Vielleicht hast Du ein Neues Testament, dann ist es sinnvoll diese Texte durchzudenken. Bei der Auferstehung der Toten spielen Raum und Zeit keine Rolle. Jesus kann als König des Universums vor allen Menschen jeglichen Zeitalters zu gleichem Augenblick erscheinen.

Seine Beurteilung richtet sich nur nach einem Gesetz: der Liebe.

Es gibt anscheinend zwei Gerichte, das Persönliche nach Abschluss des Lebens und das Allgemeine am Ende der Zeit. Doch entweder sind beide Beurteilungen ein und dasselbe, was bei Jesus möglich ist oder das Urteil nach dem Sterben wird durch unsere Selbsterkenntnis ausgesprochen und beim Allgemeinen Gericht von Gott und den Mitmenschen bestätigt.

Wie dem auch sei, eines ist sicher, wir werden am Schluss unseres Erdendaseins vor Jesus erscheinen und, entgegen weltlichen Gerichtsverfahren, Lob und Lohn erhalten oder unserem Willen entsprechend, die Gottesferne auf immer aushalten müssen. Letzteres wird jeder vernünftige Mensch vermeiden wollen. Doch dazu ist die Anerkennung Gottes unerlässlich. Wenn Du einmal so weit bist und Du gehst im Frieden mit Jesus in die neue Welt hinüber, dann darfst Du ganz unglaublich Schönes erwarten und dies auf ewig.

Zur Zeit Jesu aber lebte eine Art jüdische Sekte, die zu Jesu bittersten Feinden gehörten, die Sadduzäer. Diese leugneten die Auferstehung, die sonst im Alten Testament kaum angezweifelt wurde.

Diese Leute wollten Jesus blamieren, indem sie ihm öffentlich eine Fangfrage stellten (Lukasevangelium 20. Kap.). Sie nannten ein Beispiel: Eine Frau verlor ihren Mann, heiratete wieder und verlor ihn wieder, usw. bis zu sieben Malen. Fangfrage: Wer wird nun nach der Auferstehung der wirkliche Mann dieser Männer mordenden Frau sein?

Gut, dass diese dumme Frage gestellt wurde; denn sie forderte Jesus zu einer Jenseits-Erklärung heraus, die für uns alle wichtig ist: „Nur in dieser Welt heiraten die Menschen. Die aber, die Gott für würdig hält, an jener anderen Welt durch die AUFERSTEHUNG VON DEN TOTEN teilzuhaben, werden dann nicht mehr heiraten. Sie können auch nicht mehr sterben, weil sie den Engeln gleich und durch die AUFERSTEHUNG zu Söhnen und Töchtern Gottes geworden sind. Dass aber die Toten AUFERSTEHEN, hat schon Moses in dem Bericht vom Dornbusch angedeutet, in dem er den Herrn den Gott Abrahams, den Gott Isaaks und den Gott Jakobs nennt (Buch Exodus im Alten Testament Kap. 3): „Er ist doch kein Gott von Toten, sondern von Lebenden; denn für Ihn sind alle lebendig", sagt Jesus.

Damit ist dank der klaren Aussage Jesu unsere großartige Zukunft sichergestellt.

Aber bist Du enttäuscht, dass drüben nicht mehr geheiratet wird? Keine Sorge! Es gibt zuverlässige Nachrichten aus dem Jenseits, die jene dortige allseitige Liebe für so schön wissen, dass die schönsten ehelichen Freuden auf Erden in den Schatten gestellt werden.

Wir dürfen zur Aussage Jesu noch hinzufügen: Gott ist ein Gott der Liebe und der Freude. Er ist beides in Person und wird es mit uns teilen.

35. Ohne Mutter?

Kannst Du Dir vorstellen, ohne Mutter leben zu müssen? Also z.B. dass Deine Mutter kurz nach Deiner Geburt gestorben wäre. Wie wäre Dir zumute im Vergleich mit den anderen, die eine Mutter haben? Denke mal etwas darüber nach! Wäre Dein Leben überhaupt auszuhalten? Und doch gibt es solche Kinder, und selbst wenn sie schließlich erwachsen sind, ist ihnen doch vieles abgegangen und sie leiden vielleicht ihr ganzes Leben darunter. Ich hatte allein schon die Furcht, meine Mutter vorzeitig verlieren zu können. Gottlob unnötig. Als Gott sie schließlich heimholte, war ich schon über 50 Jahre hinaus.

Aber dann meldete sich eine Ersatzmutter für mich, die schon über 80 Jahre alt war, und trotzdem wurde sie eine richtige Mutter für mich, vielleicht von meiner leiblichen von Gott her gesendet. Sie verstand es, die schmerzliche Lücke zu schließen. Als sie bald darauf schwer krank wurde, wollte ich sie nicht schon wieder verlieren. Wir machten mit Gott einen Vertrag: 20 Jahre Lebensverlängerung und dafür ihr ständig helfender Einsatz für meine Missionsarbeit in Afrika. In ihrer Pfarrkirche wurde dies bekannt gegeben. Die Menschen waren gespannt. Sie mussten 20 Jahre gespannt bleiben; denn diese meine Wahlmutter starb mit über 102 Jahren und fast noch gesund.

GOTT LÄSST MIT SICH VERHANDELN.

Jesus, obwohl Gott, wollte ebenfalls eine Mutter haben. Er behielt sie bei sich bis zu Seinem irdischen Tod. Kurz vorher aber vermachte Er sie an uns. Wir haben in Maria die Mutter Jesu als eine wirklich eigene Mutter, wenn wir nur wollen. Viele Menschen, denen die leibliche Mutter abgeht, wissen nicht darum. Wer aber darum weiß, kann ganz bewusst Maria zu seiner eigenen Mutter bestellen.

Maria wird annehmen. Selbst wenn Deine leibliche Mutter noch leben sollte, ist dies möglich.

Versuche es nur. Sie wird Dich selber in die innige Mutter-Kind-Verbindung einführen. Du wirst dadurch reich gesegnet sein; denn Maria hat weiterhin mütterliche Beziehungen zu Jesus, den Du zwar ebenfalls direkt erreichen kannst, aber manchmal geht man halt einfach lieber zur Mutter.

Maria wird Dir bleiben; sie kann ja nicht mehr sterben. Und wenn es soweit mit Dir ist, wird sie Dich abholen.

36. Alles in Allem

Nun hast Du Vieles zum Nachdenken gehabt. Denken ist so ungeheuer wichtig. Können wir den Inhalt dieses Buches mit einem Blick überschauen? Versuchen wir es:

Schöpfungsbericht wie Naturwissenschaft stimmen darin ein, dass der Mensch die höchste Stufe des Gewordenen darstellt. Nach ihm ist nichts Größeres mehr ins Dasein getreten und auch nicht mehr zu erwarten. Also muss der Mensch das letzte Ziel der Schöpfung sein, und als Spitze allen Geschaffenen nennen wir ihn auch Krone der Schöpfung. Ist Dir schon einmal Folgendes zum Bewusstsein gekommen:

Als der Mensch auf der Erde neu auftrat, war für ihn schon alles fertig bereitet: Es gab für ihn bereits eine Fülle von Ernährungsmöglichkeiten und die damit verbundenen Speisegenüsse. Da waren Früchte jeglicher Art, verschiedenste Gemüse und unübersehbare Fleischarten. Darüber hinaus sind bereits Landschaften vorhanden gewesen von unübertreffbarer Schönheit mit den Möglichkeiten des Wanderns, Kletterns, Schwimmens, sogar Segelns und Wintersport.

Rohstoffe und Baumaterial waren in Überfülle vorhanden, die dem Menschen zur Zivilisation verhalfen bis zum heutigen Stand. Ja selbst an Edelmetalle und Edelsteine war gedacht, damit der Mensch sich schmücken könne. Alles war vorbereitet. Der Mensch konnte sich in ein gemachtes Nest setzen. Oder hat der Schöpfer noch etwas vergessen?

Kein Festerereignis, keine Olympiade, keine Opernvorstellung oder Veranstaltung kann so gut vorbereitet werden wie die Schöpfung vorbereitet war, uns Menschen aufzunehmen. Der Schöpfer hat, bevor Er den Menschen schuf, bereits alles so vorgesehen, dass es ausreichend für viele Jahrtausende war. Er brauchte dann nur zu sagen: „Macht Euch die Erde untertan", – also gebrauchet und nutzet dies alles. –

So wie diese materielle Vorbereitung für den Menschen getroffen war, so hat Er auch für die immateriellen, die übernatürlichen Gegebenheiten gesorgt, die alles Natürliche haushoch übertreffen, wie Er uns wissen ließ.

Ohne Sein höchstes materielles und geistiges Geschöpf also wäre die ganze unglaublich vielfältige und wunderbare Schöpfung sinnlos, weil es niemanden gäbe, der sie wirklich wahrnehmen und verstehen könnte.

Wer so gründlich und geplant Vorsorge betreibt, der muss auch wirklich da und gegenwärtig sein. Er erhält alles, auch wenn viele menschliche Nutznießer alles als Zufall zu erklären suchen. Umso mehr muss dieser Schöpfer auch für die weitere Zukunft Seiner menschlichen Schöpfung vorgesorgt haben.

Und vor allem muss Er sich selber dieser Krone seiner Schöpfung mitgeteilt, also zu erkennen gegeben haben.

All dies ist der Fall und dies zu begreifen, helfen die Kapitel dieses Buches. Darüber hinaus beschreiben diese Texte in Vorschlägen und Anregungen unsere möglichen Reaktionen und Verhaltensweisen unserem Schöpfer gegenüber, dem wir gar alles, was wir sind und haben, verdanken.

Wenn wir unsere Erde und auch den sie umgebenden Kosmos als Ganzes betrachten, so wird erkennbar, dass nur ungeheuer viel Liebe dies alles hervorgebracht haben kann. Die Quelle dieser das ganze Universum umfassenden Liebe ist der Schöpfer. Alles in Ihm ist daher Liebe und es kann nichts anderes in Ihm sein als nur Liebe.

Dies offenbart auch den Sinn unseres Daseins. Er besteht ebenso in Liebe, und dazu hat uns der Schöpfer ausgerüstet, sowohl im Materiellen wie im Übernatürlichen.

Mit der uns vom Schöpfer ermöglichten Liebe können wir uns selber und unser Leben zusammenhalten, unsere mitmenschliche Welt mit allen Strebungen und aller Politik und letztlich und am wichtigsten unsere Beziehung zum Schöpfer.

Dies zu überschauen und anzustreben will diese Schrift anregen und zu erkennen helfen, „auf dass Gott Alles in Allem werde" und wir in Ihm bleiben.

37. Abschließend

Wenn Du nun alle 36 Kapitel durchgedacht hast, dann weißt Du viel mehr als die meisten anderen Menschen. Doch wird Dir noch viel mehr aufgehen, wenn Du es noch einmal durch gehst. Nimm am besten nur ein Kapitel pro Tag dran. Ich schlage Dir vor, nachts vor dem Einschlafen. Dann vertieft es sich weiterhin im Schlaf.

Ich wünsche Dir, dass dieses Buch Deinen Weg zu Gott hin fördert und vielleicht kannst Du davon auch manch anderen Menschen weitergeben. Es gibt so viele Menschen, die Gott, ihrem Schöpfer gegenüber orientierungslos sind und doch so einfach Orientierung finden könnten. Vielleicht kannst Du da helfen. Du weißt jetzt ja mehr als mancher Religionslehrer. Trau Dir was zu!

Ich bete für Dich und alle Leser dieses Buches.

Lebensdaten Pater Johannes Neudegger OSB

Geboren am 17. März 1928 in Memmingen

Schulbesuch dort bis Ende 1943

Dann Kriegsdienst als Luftwaffenhelfer bei Augsburg und ab Oktober 1944 im Schwarzwald (Donaueschingen)

1946   Abitur in Illertissen

1947   Studium von Chemie und Physik in Bamberg

1948   bis 1950 Fortsetzung an der Universität Würzburg

1950   Eintritt ins Georgianum in München zum Theologiestudium an der Ludwig-Maximilians-Universität. Abschluss 1955 als Diplomtheologe

1955   Priesterweihe für die Diözese Augsburg

1955   bis 1959 Kaplan in der Pfarrei St. Anton in Augsburg

1959   Kaplan in Kempten, Pfarrei Christi Himmelfahrt

1959   Eintritt in die Erzabtei St. Ottilien

1961   Einsatz als Erzieher im Missionsseminar St. Ottilien

1967   Leitung des Missionsseminars Dillingen

1978   Aussendung nach Nairobi, Kenia. Entwicklung der Klöster Nanyuki, Nairobi und Tigoni

1981   Versetzung nach Uganda, Tororo

1986   Teilnahme am Bürgerkrieg in Uganda

1992   Rückkehr nach St. Ottilien

1993   Neuer Einsatz in Südafrika, Abtei Inkamana

1995   Versetzung nach Namibia, Windhoek und Waldfrieden bei Omaruru

2002   Rückkehr nach Deutschland

2002   Kurzer Einsatz am Camino in Nordspanien

2003   Pfarrer in Hohenpeißenberg (Oberbayern)

2009   Pfarrer in Bulgarien, Zarevbrod

2012   Rückkehr nach St. Ottilien

2015   12. August: Tod in Landsberg am Lech

Pater Johannes Neudegger

Die vergessene Generation

Aus dem Alltag eines Flakhelfers
1944-1945

2010, 132 S., broschiert, 14,80 Euro
ISBN 978-3-8306-7443-6

Deutschland, Februar 1944: Mit 15 Jahren wird Hermann
Neudegger als Flakhelfer zur Luftabwehr eingezogen. Die
Erfahrungen als „Kindersoldat" führen zum Verlust der Ju-
gendzeit und prägen das spätere Leben. Die nachdenklichen
Erinnerungen sollen dokumentarisch das Schicksal einer
„vergessenen Generation" überliefern.

www.eos-verlag.de

vom gleichen Autor

Pater Johannes Neudegger

Abenteuer für Gott

Erlebnisse in Afrika
1978–1992

2012, 354 S., broschiert, 19,95 Euro
ISBN 978-3-8306-7580-8

Kaum in Ostafrika angekommen, wird Pater Johannes mit einer Klostergründung in Kenia betraut. Ein neues Aufgabengebiet eröffnet sich mit einer weiteren Klosterneugründung im benachbarten Uganda. Im kriegserschütterten Land kann „Major John" einfallsreich und mit viel Gottvertrauen zahlreiche lebensgefährliche Situationen überstehen.

www.eos-verlag.de

Pater Johannes Neudegger

Unter dem Kreuz des Südens

Missionsjahre in Südafrika und Namibia
1993–2001

2013, 156 S., broschiert, 14,80 Euro
ISBN 978-3-8306-7590-7

Nach einem kurzen Heimaturlaub in der Erzabtei Sankt
Ottilien wird Pater Johannes Neudegger ein weiteres Mal in
die Afrikamission ausgesandt. Dieses Mal führt ihn sein Weg
nach Südafrika und Namibia, wo er erneut in unkonventio-
neller Weise Pionierarbeit im Dienst des Herrn verrichtet.

www.eos-verlag.de